ALASKA/YUKON
TERRE D'AVENTURE
PATRICK MATHÉ

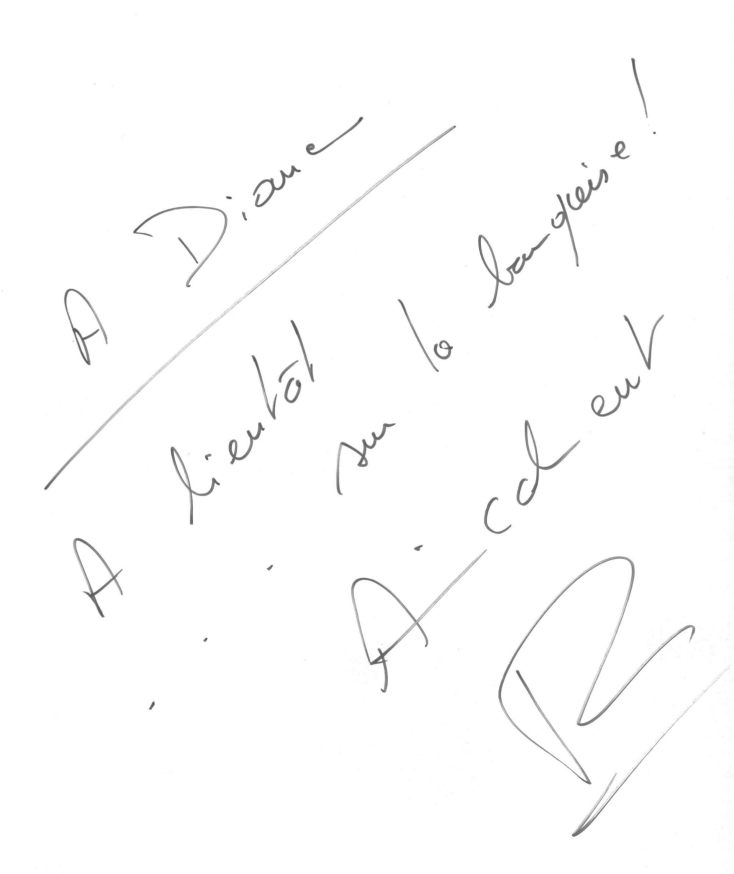

ALASKA/YUKON TERRE D'AVENTURE

PATRICK MATHÉ

*Reliques de la ruée vers l'or du Klondike
dans une forêt de bouleaux au Yukon.*

SOMMAIRE

Jeune Indienne Athabascane.

◀ *Navigation dans la baie du Prince Guillaume,
en direction du glacier Columbia.*

Patrick MATHE, né en 1949, est fixé en Haute-Savoie. Depuis plus de dix ans sur les chemins du Monde... Après l'Amérique du Sud, Madagascar, l'URSS: le Canada et l'Alaska sont ses deux dernières passions. Pendant deux ans et demi, il sillonne le Grand Nord. Skidoo, chiens de traîneau, canoë, raquettes, hydravion sont utilisés pour mieux pénétrer ce grand livre ouvert de la nature. Le plus étonnant peut-être... dans une aventure à la Jack London: la descente du Yukon, 3.200 km en radeau du pied des Rocheuses canadiennes à la mer de Béring. Au bout du voyage: la banquise au soleil de minuit et surtout... les Inuit, en compagnie desquels il passa deux hivers à chasser, en umiak, les baleines de l'Arctique.

Ci-dessous:
L'auteur sur la banquise lors du tournage du film.

Cédric PIRALLA né en 1957 au Zaïre. Ingénieur chimiste, de nationalité suisse. Ne rêvant que de neige, de glace, de vent et de froid, ses études terminées il quitte l'Europe pour l'Arctique canadien. Depuis sa plus tendre enfance les loups le fascinent. Seul pendant tout un hiver, il réalise son premier film sur une meute sauvage. Photographe et cinéaste, il assistera l'auteur tout au long du voyage contribuant largement au succès de la réalisation du film *Alaska*.

Après un an passé en Angola pour le CICR, il est aujourd'hui au Pakistan, toujours pour la Croix-Rouge.

En radeau sur le fleuve Yukon... 3.000 km d'aventure.
Proche du glacier Columbia, face au ferry qui fait la navette entre les ports de Whittier et Valdez.

L'ALASKA, LA GRANDE TERRE

Depuis longtemps, en Russie, des récits légendaires relataient l'existence d'une terre inconnue au-delà des eaux bordant la Sibérie orientale. Et, peu avant sa mort en 1725, Pierre le Grand ordonne au danois Vitus de Béring, capitaine de vaisseau au service de la Russie impériale, de gagner la péninsule sibérique du Kamchatka afin d'y construire un bateau pour faire voile vers le nord jusqu'à ce qu'il trouve les côtes américaines. Au cours de cette tentative, il est chargé d'étudier les liens naturels existant entre les continents asiatique et américain.

Mais construire un vaisseau au Kamchatka était à cette époque un véritable défi, car sur cette terre, découverte récemment en 1697, et parcourue uniquement par quelques audacieux chasseurs de fourrures, il n'y avait aucun des éléments nécessaires à une telle entreprise. Dans un premier temps, Vitus de Béring doit apporter de Saint-Pétersbourg tous les matériaux, tous les outils, toutes les vivres, et amener tous les hommes indispensables à la réalisation de son projet. Ce voyage de 8.000 kilomètres à travers la Sibérie exige plus d'une année avant qu'ils n'atteignent Okhotsk. Et ce n'est qu'en 1728 que le vaisseau *Gabriel* commence sa course vers le nord en remontant les côtes pacifiques de la Sibérie. Après avoir découvert l'île de Saint-Lawrence, Vitus de Béring atteint et traverse le détroit qui aujourd'hui porte son nom, sans apercevoir les côtes de l'Alaska noyées dans un épais brouillard.

Ayant atteint la latitude de 67° 18' nord et craignant d'être pris par les glaces, il fait demi-tour et regagne son port d'attache en septembre. Au printemps suivant, il fait une autre tentative pour atteindre les côtes américaines, mais sans succès. De ces deux échecs, il tire la quasi-certitude que l'Asie et l'Amérique sont séparées, mais sans pouvoir en apporter véritablement la preuve. C'est le célèbre navigateur anglais James Cook qui le prouvera en 1776 en cartographiant l'Alaska lors de sa tentative pour trouver un passage nord entre le Pacifique et l'Atlantique. A cette occasion, il rendra un vif hommage à Vitus de Béring.

Pour sa troisième tentative, en juin 1741 deux vaisseaux cette fois naviguent de conserve: le *Saint-Pierre* commandé par Béring lui-même et le *Saint-Paul*, dirigé par Chirikov. Mais, le 20 juin, une terrible tempête les sépare et les deux bateaux se perdent définitivement de vue. Et, par une incroyable ironie du destin, Chirikov apercevra le premier les côtes promises le 15 juillet 1741. Beaucoup plus au nord, Béring ne les découvrira que le lendemain. Cette nouvelle région prendra le nom d'Alaska, appellation tirée du mot « alashka » qui, dans le dialecte aléoutien, signifiait la Grande Terre.

En octobre, Chirikov, avec un équipage décimé par la maladie, l'épuisement et le froid, est de retour à son port d'attache au Kamchatka. Vitus de Béring, lui, ne reviendra jamais. En rentrant, proche de l'arrivée, son bateau s'échoue sur les récifs d'une île. Epuisé, atteint de scorbut, il y décède ainsi qu'une trentaine de ses compagnons. Les survivants, après un terrible hiver passé à chasser la loutre et le phoque pour se nourrir et se vêtir, reconstruisent au printemps un nouveau bateau à partir des restes de l'épave du *Saint-Pierre* pour regagner la Sibérie. Inconnues en Russie, les fourrures soyeuses de loutre de mer qui emplissent les cales, atteindront à Saint-Pétersbourg et sur le marché chinois, des sommes exorbitantes. Voyant cela, les marchands arment aussitôt de nouveaux bateaux pour se diriger vers le chapelet des îles aléoutiennes, où les loutres de mer abondent. C'est le début d'un massacre généralisé de toutes les espèces animales du Pacifique Nord. Quant aux autochtones, ils ne se remettront jamais de ce premier contact avec les Blancs. A peine débarqués sur une île, les Russes en prennent possession par la force, obligeant les habiles chasseurs aléoutiens à travailler pour eux, comme de véritables esclaves. Les maladies apportées par les marins, les tueries pour mater les révoltes, et les famines liées à l'absence des hommes contraints de chasser en permanence pour leurs nouveaux maîtres, vont faire disparaître un grand nombre de villages. Des 50.000 natifs, présents à l'arrivée des marchands russes, il n'en reste que 10.000 cinquante ans plus tard. Responsables de ce génocide: les grandes compagnies marchandes russes qui se livrent entre elles une guerre sans merci pour tenter d'obtenir le monopole de cette nouvelle richesse.

Mais, à cette époque, l'occupation de l'Alaska par les Russes ne passe pas inaperçue en Europe. Et, par peur de leur extension, l'Espagne, par l'intermédiaire du vice-roi du Mexique, envoie plusieurs expéditions pour prendre possession de l'Alaska, en 1774, 1777, 1778 et 1779, mais sans succès. Puis les Anglais, les Français avec Jean la Pérouse, et les Américains ont à leur tour des ambitions territoriales après avoir entendu parler de la richesse en fourrures et de l'abondance des baleines. Les Russes voient d'un mauvais œil l'arrivée de ces nouveaux concurrents sur leurs territoires de chasse. Pour contrecarrer principalement l'intense activité des marchands anglais de la compagnie de la Baie d'Hudson, Grégory Shelikhov crée en 1783, sur l'île de Kodiak, la première colonie permanente russe.

En 1791, laissant derrière lui sa femme et sa fille qu'il ne devait jamais revoir, le commerçant de fourrures sibérien Alexandre Baranov arrive au nouveau monde, appelé par Shelikhov, pour diriger sa compagnie marchande. Ce dernier avait longtemps caressé l'espoir d'obtenir le monopole du commerce des peaux en Alaska, mais, mal introduit à la Cour, il décèdera en 1795 sans voir ses vœux exaucés. Bon administrateur, habile négociateur, Baranov consolide et fait rapidement prospérer les affaires en entretenant de bonnes relations avec les natifs des îles aléoutiennes. Il est le premier, contrairement aux ordres de la Compagnie, à commercer avec les Anglais et les Américains pour obtenir, en échange de fourrures, les biens et les denrées qui font si cruellement défaut à Kodiak.

Mais la Russie ne prend officiellement possession de l'Alaska qu'en 1799, lorsque le tsar signe la charte donnant à la « Russian American Company » le monopole des droits commerciaux en Alaska. En contrepartie, celle-ci devra, au sein de son programme de colonisation, participer le plus possible au développement social des populations locales, en construisant des écoles et en faisant des habitants de loyaux sujets de la Russie impériale, membres de l'église orthodoxe.

Dans le passé, les relations de Baranov avec les officiers de la marine avaient été souvent bien orageuses car ces marins n'avaient jamais apprécié recevoir des ordres d'un homme qui, à leurs yeux, n'était qu'un simple laquais au service d'une compagnie marchande. Mais, à partir de cette époque, les officiers lui obéirent fidèlement car, en recevant le titre de gouverneur, il devient le représentant officiel de l'autorité du Tsar. Sur cette immense, lointaine et nouvelle colonie, les Russes débarquent en nombre de plus en plus important, espérant toujours faire fortune dans le commerce des peaux; mais, dès 1800, les loutres sont déjà exterminées aux alentours de l'île de Kodiak.

Baranov fonde alors un nouveau comptoir au sud-est de l'Alaska, sur l'île de Sitka, qu'il avait visitée en 1795. Il avait observé des étrangers effectuant un commerce très lucratif avec les Indiens Tlingit, sur des terres qu'il considérait comme appartenant à l'empire russe. Ce poste est détruit en 1802 par les Indiens, fortement hostiles à cette implantation étrangère. Mais Baranov revient en 1804, à la tête d'un imposant contingent d'Aléoutiens et de Russes. Avec l'aide d'un navire de guerre, la *Néva*, il rase le village puis expulse tous les Indiens de l'île. Il reconstruit, avec d'immenses troncs d'arbres, un imposant fort, propre à résister aux attaques indiennes. Au milieu de sa bibliothèque, de ses tableaux et de son mobilier en provenance de Russie, il vit plusieurs années comme un petit tsar. Ce comptoir, bien situé sur la route commerciale du Pacifique, jouissant d'un climat doux et doté d'un port bien abrité, grandit rapidement et devient la capitale définitive de la Grande Terre où tous les successeurs de Baranov prendront l'habitude de s'installer. L'éloignement extrême de cette colonie, allié aux profonds remous qui agitent le front européen en ce début du XIXe siècle, laisse Baranov dans un isolement total. Malgré cela, les profits de la compagnie sont énormes. Commerçant avec les Anglais et les Américains, envoyant des bateaux en Californie, à Hawaï et en Orient, cet homme semble être le maître incontesté et incontestable de l'Alaska. Et pourtant, malgré cela, il est démis de ses fonctions en 1817. Déçu, abattu, Baranov prend le chemin du retour vers la mère-patrie. Les gouverneurs qui lui succèdent n'ont ni sa poigne, ni sa connaissance dans le commerce de la fourrure, et les revenus de la « Russian American Company » s'effondrent. Ne voyant plus rentrer d'argent dans ses coffres, le tsar Alexandre III comprend que l'entretien d'une colonie aussi lointaine est un luxe qu'il ne peut plus se permettre, alors que son gouverneur recherche désespérément de l'argent pour entreprendre de profondes réformes sociales. Et finalement, après 126 ans de présence russe, le gouvernement de Saint-Pétersbourg cède aux Américains tous ses droits sur l'Alaska pour la somme dérisoire de 7.200.000 $. Les Etats-Unis prennent officiellement possession de l'Alaska lorsque, le 18 octobre 1867 à Sitka, le drapeau impérial russe, l'aigle noir à deux têtes, est amené et que les troupes sibériennes, immobiles, au garde-à-vous, voient hisser l'emblème des Etats-Unis.

Pages suivantes:

Fortement arrosé, le sud-est de l'Alaska est recouvert par d'immenses forêts qui ont poussé en lieu et place des glaciers d'antan.

Etouffée par la mousse, la « forêt des pluies » est un des paysages traditionnels du sud-est de l'Alaska.

Jaillie il y a environ 65 millions d'années, lors du choc de deux énormes plaques tectoniques, la chaîne de l'Alaska s'étire sur 960 km de long.

Proche de l'océan Arctique, des milliers de lacs parsèment la toundra.

Féerie de l'automne dans le territoire canadien du Yukon.

ANCHORAGE

En comparaison des grandes cités américaines de la côte est, comme New-York et Boston, Anchorage est une ville récente. La cité prit naissance en 1914, avec la décision du gouvernement des Etats-Unis de construire une voie ferrée entre le port de Seward et Fairbanks. Pour loger les ouvriers de l'« Alaska Railroad », il fallut trouver un emplacement en bordure de la mer, libre de glaces en hiver et à mi-chemin entre ces deux villes. Après examen des cartes, le seul site qui réunissait tous ces avantages se trouvait au fond du détroit de Cook.

Dans un premier temps des tentes furent dressées à l'embouchure de la Ship Creek, petite rivière locale. Les premiers bâtiments jaillirent un an plus tard et en 1920 cet emplacement reçut le nom d'Anchorage. La voie ferrée fut achevée en 1923.

Mais c'est avec la deuxième guerre mondiale que cette ville prit son premier véritable essor. Des milliers de soldats, envoyés dans ce qui était devenu un centre stratégique important, contribuèrent largement au développement de l'économie locale.

En 1968, la découverte d'une prodigieuse réserve de pétrole dans l'Arctique eut un impact important sur Anchorage. Sa population doubla en huit ans. L'Alaska, qui était un des Etats les moins développés, devint l'un des plus riches des Etats-Unis. Mais en 1977, avec l'achèvement de la construction du pipe-line, l'euphorie retomba. En effet, les coûts exorbitants de réalisation et de maintenance firent de ce pétrole l'un des plus chers du monde.

Anchorage reste quand même, avec ses 250.000 habitants, la plus grande ville d'Alaska sans en être la capitale: Juneau lui fut préféré.

Anchorage et son centre moderne, reconstruit après le tremblement de terre de 1964 qui atteignit 8,4 sur l'échelle de Richter.
La mode en Alaska...!
L'oléoduc trans-Alaska, 1.200 km de prouesses techniques entre Prudhoe Bay et Valdez. En hauteur, il fut calculé pour ne pas entraver la libre circulation de la faune.
Dans un pays où les lacs se comptent par millions, l'hydravion permet d'accéder facilement aux régions les plus isolées.
Dôme de la chapelle russe orthodoxe Saint-Nicolas à Kenaï.
Véliplanchiste sur fond de glace... détente appréciée des Alaskans.
Dans le golfe d'Alaska, Valdez, connu pour son terminal pétrolier, est aussi un important port de pêche.

LES NATIFS

Ils peuvent être divisés en trois groupes: les **Aléoutes**, les **Indiens** et les
Inuit. La plupart vivent encore de
pêche et de chasse, dans de petits
villages reculés. Tous unis, ils représen-
tent à peine 10 % de la population
totale de l'Alaska. En 1958, le gouvernement américain décida de
s'approprier un tiers du territoire pour
de futures exploitations pétrolifères et
gazières. Devant cette décision qui
allait amputer leurs territoires de
chasse, les natifs, si longtemps divisés,
se mobilisèrent. Ils créèrent, en 1966,
la Fédération des Natifs de l'Alaska
(AFN) pour faire valoir officiellement
leurs droits sur leurs terres ancestrales. Et, finalement, l'Alaska Native Claim
Settlement Act (ANCSA) fut signé par
le président Nixon le 18 décembre 1971.
Cet accord passé entre les deux parties alloua 1 milliard de dollars et 16 millions d'hectares de terre aux natifs.

Malgré cela, aujourd'hui, dans les villages, la vie est toujours aussi difficile.
Bien sûr, grâce à l'assistance des pro-
grammes fédéraux et des compagnies pétrolières, en apparence il y a
progrès: des centres de santé, des
écoles, des maisons plus confortables,
la télévision, des petits centres commerciaux, des motos-neige, etc. Mais
face à cette vitrine du monde
moderne, il y a la triste vérité du quotidien: L'alcool, la drogue, les suicides,
le chômage. Les 75.000 natifs
d'Alaska sont aujourd'hui à un moment crucial de leur histoire. Les générations futures réussiront-elles à inté-
grer les activités, les traditions et les
valeurs de leurs ancêtres aux deman-
des d'un monde moderne? Arri-
veront-elles à mettre fin à cette assistance qui, en provoquant l'ennui, les
entraîne un peu plus chaque jour sur
le chemin de la déchéance?

*Installée sur la rivière Tanana, cette roue dont
la rotation est simplement provoquée par la
force du courant est utilisée pour pêcher les
saumons. Mis à sécher, ils constituent un
apport alimentaire essentiel pour les Natifs.*

A droite:
*Montée sur pilotis, la traditionnelle cache
indienne permet de stocker la nourriture hors
de l'atteinte des animaux.*

*Maisons indiennes sur les bords du fleuve
Yukon.*

*Totem en bois sculpté représentant le cor-
beau et l'ours, deux animaux essentiels de la
mythologie indienne.*

*En aval de Dawson City, le cimetière indien
de Moose Hide.*

LE PARC DU DENALI

Vénéré depuis toujours par les Indiens qui l'appelaient le Denali (ce qui, dans leur langue, signifiait « la Grande Montagne »), le mont Mac Kinley, avec ses 6.195 m, est le plus haut sommet d'Amérique du Nord. Il domine les 960 km de la chaîne de l'Alaska qui jaillit il y a 65 millions d'années, lors du choc des deux plaques tectoniques, pacifique et continentale. Aujourd'hui, leur chevauchement provoque une poussée permanente vers le haut et, de ce fait, le mont Mac Kinley – qui grandit inexorablement de quelques millimètres par an – pourrait être bientôt le premier 7.000 m du continent. C'est un jeune Indien Athabascan qui, le premier, atteignit en 1913 le véritable sommet.

S'étendant à ses pieds, les 2,4 millions d'hectares du Parc National du Denali constituent la plus grandiose réserve naturelle d'Alaska pour la faune et la flore. Malheureusement, l'augmentation du trafic à l'intérieur de cette réserve éloigne de plus en plus les animaux. Quoi qu'il en soit, une visite au Denali s'impose, car ses paysages sont certainement parmi les plus beaux d'Alaska, et lorsque le mont Mac Kinley daigne émerger des brumes (qui malheureusement le niment trop souvent), le voyage devient féerique.

Reflet du mont Mac Kinley dans le lac des merveilles.
Moutons de Dall dans le parc du Denali.

LES GLACIERS

Si le capitaine George Vancouver pouvait aujourd'hui revenir à l'entrée de la « Baie des Glaciers » qu'il découvrit en 1794, il serait certainement fort surpris. En effet, cette baie de 100 km de long était, il y a 200 ans, entièrement recouverte par un glacier de 1.200 m d'épaisseur. Son front était constitué d'une falaise de glace de plusieurs centaines de mètres de haut sur plus de 30 km de large. Il faisait partie d'une énorme chape de glace qui couvrait les régions côtières de l'Alaska sur plus de 1.600 km de long.

En 1879, lorsque le naturaliste John Muir visita la région, il fut fortement déçu car ce glacier avait reculé dans la baie de 80 kilomètres. En 1916, le glacier Grand Pacifique, qui obstrue le fond du fjord, occupait déjà sa position actuelle à une centaine de kilomètres de l'embouchure. Jamais un retrait des glaces aussi rapide n'avait été observé. De nombreux scientifiques vinrent sur place pour étudier ce curieux phénomène et essayer de comprendre les relations entre l'activité glaciaire et les changements de climat.

John Muir fut par contre fasciné par les baleines à bosse ou jubartes qui fréquentaient ces eaux. Venant de Hawaï, elles arrivent dans ce qui est depuis 1925 le parc national de « Glacier Bay » en mai et juin. Cette espèce est de très loin celle qui fournit le plus d'huile et fut de ce fait,

la plus chassée. Des 100.000 qui fréquentaient toutes les mers du globe avant le massacre du début du XXᵉ siècle, il n'en resterait aujourd'hui que 7.000, réparties en plusieurs groupes, dont 2.000 viennent pâturer régulièrement entre l'Alaska et les îles Aléoutiennes. Elles sont totalement protégées depuis 1967. Chaque année, 20 à 25 d'entre elles pénètrent dans la Baie des Glaciers.

Leur arrivée coïncide avec les longues journées de l'été qui provoquent l'éclosion d'algues microscopiques et de krill, petites crevettes translucides qui s'agglutinent en groupes énormes, à la belle saison, dans les mers polaires.

Les jubartes, qui aiment aussi la morue, l'aiglefin, le merlan et le colin, ont une technique de chasse tout à fait surprenante: le filet de bulles. En remontant en spirale sous un banc de crevettes, elles soufflent par leurs évents des chapelets de bulles d'air qui délimitent un cylindre dans lequel viennent se concentrer plancton et crevettes. En arrivant en surface, il ne leur reste qu'à avaler le tout.

La présence de baleines à bosse, de phoques qui viennent se

Orques ou baleines tueuses chassant dans le golfe d'Alaska.

En zodiac face au glacier Columbia.

Chaque année des milliers de touristes visitent en paquebot le fjord Tarr pour admirer le glacier Margerie.

Le saut de la baleine à bosse.

reproduire au pied des glaciers, de lions de mer et de millions d'oiseaux dans ce fjord facilement accessible, attire de plus en plus de spectateurs. Des 8.000 touristes qui visitèrent ce parc en 1968, nous en sommes aujourd'hui à plus de 100.000 L'augmentation du trafic des bateaux a certainement perturbé les jubartes, qui sont de moins en moins nombreuses à venir chaque année gambader à « Glacier Bay ».

Célèbre aussi par ses chants mélodieux, la baleine à bosse n'a pas fini d'intriguer les scientifiques. S'agit-il d'un langage, d'un chant d'amour pour séduire les femelles, ou d'une menace pour éloigner un autre mâle?

Le long des côtes de l'Alaska, il est fréquent de voir ces « monstres » jaillir totalement hors de l'eau. Le saut, outre son aspect ludique, pourrait être aussi une sorte de message: la baleine utiliserait le bruit des 40 à 100 tonnes de son corps retombant dans l'eau comme un signal de position pour les autres cétacés. Il pourrait être aussi une démonstration de force ou une parade nuptiale. Quoi qu'il en soit, il paraît évident que la combinaison des chants et des sauts a un rôle important dans leur organisation sociale.

Aujourd'hui, avec le réchauffement de la Terre, la plupart des grands glaciers d'Alaska qui se jettent dans la mer continuent à perdre du terrain. Du fait de leur poussée et sous l'action de la mer qui érode leur front, des pans entiers de la muraille de glace s'effondrent dans l'océan, puis partent à la dérive dans le golfe d'Alaska. Ces icebergs, dans une région souvent recouverte par les brumes, rendent la navigation dangereuse. Au printemps 89, en voulant éviter l'un d'eux, le pétrolier *Exxon Valdez* heurta un récif pourtant parfaitement balisé sur les cartes. 38 millions de litres de pétrole s'échappèrent de ses soutes, polluant la mer, les rivages et les glaciers du détroit Prince-Guillaume pour des années.

Mais le mouvement des glaciers est parfois totalement imprévisible. En 1936, le glacier de Black Rapids, qui reculait doucement, fit un bond spectaculaire. Une falaise de glace de 90 m de haut et de 2 km de large se mit à avancer de 66 m par jour. En trois mois, elle progressa de 6,5 km, puis s'arrêta aussi soudainement! Mais le plus surprenant peut-être est la rapidité avec laquelle les forêts d'épicéas spruce se sont implantées sur toutes les côtes de l'Alaska, là où, deux siècles auparavant, il n'y avait que de la glace.

En zodiac, l'approche des glaciers est rendue fort délicate par cette multitude de glaçons aux arêtes coupantes qui encombrent la mer.

En haut à droite: Phoques se prélassant au pied du glacier Muir.

Un iceberg à la dérive, dans le lac Portage au sud-est d'Anchorage.

Pages suivantes: Vue aérienne du fjord et du glacier Hopkins.

LA FAUNE

Le bœuf musqué. — Ce mystérieux mammifère issu du Pléistocène serait né voici deux millions d'années dans les steppes de la Sibérie centrale. A cause de sa grosse tête et de ses lourdes épaules, les premiers explorateurs virent en lui un cousin du bison. A l'époque du rut, le mâle dégage une odeur caractéristique liée à une substance secrétée dans ses urines. Cette senteur serait à l'origine de son nom erroné: le bœuf musqué n'ayant pas de glande à musc. Le système de défense de ces animaux est un des plus curieux qui soit: lorsqu'ils se sentent menacés, ils se regroupent tous épaule contre épaule, formant une forteresse impénétrable au sein de laquelle les jeunes trouvent refuge. Cette technique leur permit de survivre pendant des millénaires face à leurs principaux prédateurs (les ours et les loups).

L'orignal. — Dans la famille des cerfs, il est le plus imposant. Il peut atteindre 2 m à l'épaule et peser jusqu'à 850 kg (le caribou, 1,10 m et 110 kg). Il vit dans les forêts en solitaire et se nourrit principalement d'herbes aquatiques. Les mâles sont particulièrement connus pour la beauté de leurs bois, qui peuvent atteindre 1,70 m de large.

Le caribou. — Les premiers explorateurs ont été stupéfaits par la taille des troupeaux de caribous qui, lors des grandes migrations

d'automne, défilaient sans interruption pendant plusieurs jours. Des histoires parlant de regroupements atteignant 30 millions d'animaux étaient courantes. Si, plus tard, des études précises montrèrent qu'un tel nombre était impossible, il est néanmoins certain qu'aujourd'hui ces grandes hardes ont décliné. Leur taille reste quand même imposante puisque la plus grande d'Alaska compte encore quelque 230.000 animaux.

Ces immenses troupeaux de caribous sont la réponse du monde animal à ce milieu hostile. Seule une population élevée peut en effet éviter l'extinction de la race, face à un climat violent et aux nombreux prédateurs (principalement les loups) qui infligent souvent de lourdes pertes aux jeunes de l'année.

En haut à gauche: Jeunes bœufs musqués.

En dessous: L'original, habitant traditionnel des grandes forêts, se nourrit principalement de végétations aquatiques.

Ci-dessus: Ce caribou aux andouillers finement veloutés passera l'été dans le parc du Denali.

Ci-contre:
L'écureuil, autrefois chassé par les Indiens, vit aujourd'hui tranquillement dans les parcs nationaux.

Le chien de prairie, véritable sentinelle de l'Arctique, pousse des cris perçants à la moindre alerte pour avertir ses compagnons.

SAUMONS ET GRIZZLYS

Après des années passées dans l'océan Pacifique, les saumons, poussés par l'instinct de reproduction, entreprennent un voyage de plusieurs milliers de kilomètres pour regagner la rivière de leur naissance. En Alaska, chaque année, au mois de juillet, des millions de saumons, âgés de quatre à sept ans, remontent les cours d'eau. Comment ont-ils fait pour atteindre l'embouchure? Les scientifiques continuent à s'interroger sur ce prodigieux sens de l'orientation. Soleil? Etoiles? La question reste posée. Dans l'eau douce, ils se dirigeraient grâce à leur odorat, qui leur permettrait de retrouver à chaque confluent la bonne voie: l'odeur de toutes ces rivières serait gravée dans leurs mémoires. Ils bataillent en rangs serrés pour vaincre tous les obstacles. Aucun barrage, aucune chute d'eau ne peut les arrêter. Beaucoup meurent d'épuisement en cours de route et seuls les plus forts parviennent aux lieux de ponte. A partir de l'embouchure, les saumons cessent de s'alimenter. Pendant la remontée, petit à petit, la gueule du mâle s'incurve, ses dents grandissent et une énorme bosse lui pousse sur le dos, alors que son corps devient tout rouge. Ces transformations correspondent à la maturation sexuelle.

Pour eux, c'est un voyage sans retour car, après avoir fécondé les œufs, ils sont trop épuisés pour repartir vers la mer, et pratiquement tous meurent sur place. Beaucoup sont arrêtés en chemin par l'aigle pêcheur ou par le grizzly. L'été étant bref, l'ours n'a que très peu de temps pour reconstituer les réserves de graisse nécessaires à sa longue hibernation. Aux premiers beaux jours, dans le parc de Katmai ils se rassemblent le long des cours d'eau, dans l'attente des premiers saumons. Fin juillet, autour et sur les chutes de la rivière Mac Neal, il est parfois possible d'observer en une journée plus d'une centaine d'ours différents. Les plus habiles attrapent jusqu'à 70 saumons par jour.

La plus grande concentration au monde de grizzlys a lieu chaque été à l'embouchure de la rivière McNeil, lors de la remontée des saumons. De violents combats les opposent parfois afin d'obtenir la meilleure place.

Ci-contre: A la plus grande joie des touristes et des photographes, un ours se baguenaude sur la route du parc du Denali.

LES ÎLES PRIBILOF

Au XVIIIe siècle, les Russes, très intrigués, se demandaient quelle pouvait être la destination de ces groupes d'otaries à fourrure qui, chaque printemps, traversaient les passes de l'archipel des Aléoutiennes avant de disparaître dans le brouillard. La réponse fut apportée en 1786 par le navigateur russe Gérassim Pribilof, qui découvrit des millions d'otaries sur les plages de deux petites îles de la mer de Béring. Une pareille fortune en peaux annonçait un massacre. Les Russes y installèrent de force des groupes de chasseurs aléoutiens. A cette époque, le monde entier fut approvisionné en fourrures grâce aux Pribilof. En une cinquantaine d'années, on estime que 2.500.000 animaux furent exterminés. En 1834, il devint évident que l'extinction était proche. Les Russes interdirent enfin de tuer des femelles. Et, en 1867, lorsque les Américains prirent possession des îles, ils découvrirent une population en pleine croissance. Pendant les deux premières années de leur juridiction,

quelques compagnies, encore auto-
risées à venir chasser, prélevè-
rent 200.000 à 300.000 peaux.
Pour éviter un nouveau massacre, ces
îles furent classées « réserve » en 1869
et des quotas furent imposés. Malheureusement, en l'absence d'un véritable contrôle, la tuerie continua
jusqu'en 1911, année où, se rencontrant
à Washington, Russes, Américains,
Japonais et Anglais signèrent un
pacte pour la protection des otaries
dans le Pacifique Nord. Leur nombre
augmenta rapidement dans les zones
de pêche japonaises et ce pays
dénonça le traité en 1941. Mais les îles
Pribilof gardèrent leur statut et,
aujourd'hui, scientifiques et touristes
peuvent observer chaque année, en
juillet, un rassemblement d'otaries
estimé à 1.500.000.

Les mâles arrivent les premiers, fin
mai/début juin. Agé de 10 à 17 ans,
gras du long hiver passé à se nourrir
dans les eaux froides de l'océan, chacun de ces monstres pouvant atteindre 270 kg délimite, sur des plages
sableuses ou rocailleuses, son propre
territoire qu'il défend avec acharnement contre tout intrus. Les premières femelles, dont le poids n'excède
pas 50 kg, arrivent vers la mi-juin.

Chaque étalon doté d'une formida-
ble puissance musculaire en capture
le plus possible d'un coup de gueule
et les projette comme des fétus de
paille sur son territoire. En moyenne,
chaque harem est constitué de
60 femelles.

Jour et nuit, les cris des jeunes et de
leur mère sont dominés par les rugis-
sements des mâles éloignant un voi-
sin trop envahissant. A cette époque,
les combats sont fréquents et parfois
sauvages. 48 heures après leur arrivée
à terre, les femelles donnent naissance à des petits (350.000 à
400.000 chaque année) qui sont
aussitôt capables de nager. En

novembre, ils quittent tous les îles pour
rejoindre les mers de Californie ou du
Japon. Et, chose étrange, pendant 8
à 9 mois, les otaries ne retournent
jamais à terre. Ce n'est qu'à l'été suivant, aux îles Pribilof, qu'elles délaisse-
ront temporairement les océans afin
de perpétuer leur espèce sur ces plages du bout du monde.

*A gauche: Chaque été des milliers d'otaries
en provenance de Californie ou du Japon
viennent se reproduire sur les îles Pribilof. Les
mâles qui attendent les premières femelles
défendent leur territoire avec acharnement.*
*Ci-dessus et ci-dessous: Lions de mer de Stel-
ler dans les fjords du parc national de Kenaï.*

Ci-dessus: L'aigle pêcheur, emblême des Etats-Unis - En haut à gauche: Un tétra des forêts du sud-est - En bas à gauche: Un cormoran des îles Pribilof - Ci-dessous: Des milliers d'oiseaux viennent nicher chaque printemps sur les falaises du cap Thomson, baigné par la mer des Tchouktches - A droite: Un couple de macareux au repos.

LE PEUPLE
DE LA BALEINE

« Nous sommes le peuple de la baleine.
Sa prise et son partage sont notre Eucharistie,
la célébration du mystère ancestral de la vie. »

UN INUIT D'ALASKA.

ORIGINE DES INUIT

Il y a 30.000 ans, une énorme masse de glace s'installa sur l'ouest du continent nord-américain. Le détroit de Béring fut asséché et, par cette bande de toundra appelée la Béringie, les premiers hommes arrivèrent de Sibérie suivant les troupeaux de caribous, de mammouths, de bœufs musqués, de chevaux et d'antilopes. Ces Paléo-Indiens peuplèrent au cours des millénaires suivants l'Amérique du Nord, puis du Sud.

Mais, sur la Terre, le froid s'intensifia et, au plus fort de la dernière glaciation, il y a 18.000 ans, du Pacifique à l'Atlantique, une énorme chape de glace de 1.500 m d'épaisseur recouvrit l'Amérique du Nord. Le niveau des mers s'abaissa de 120 mètres, entraînant un important élargissement de la Béringie, qui atteignit à cette époque 1.600 km de large. Pendant 11.000 ans, l'inlandsis nord-américain empêcha tout accès au sud. Les chasseurs Athabascans de la deuxième vague migratoire (– 14000/– 9000) furent donc forcés de s'installer au centre de l'Alaska, que les glaces n'atteignirent jamais. Puis le climat se réchauffa, la calotte glaciaire disparut et la Béringie fut engloutie par les eaux. L'Asie et l'Amérique furent de nouveau séparées par la mer, et c'est à l'aide d'embarcations recouvertes de peaux, appelées umiaks, que les premiers Inuit traversèrent le détroit, il y a 6.000 ans. Sous la pression des peuples, notamment des Indiens Athabascans qui occupaient les régions centrales de l'Alaska, ils furent contraints de rester dans l'Arctique.

Au cours des générations suivantes, ils progressèrent petit à petit en direction du nord-est, le long des côtes du Grand Nord canadien, pour atteindre finalement le Groënland vers 2000 ans avant J.-C. A l'origine, ces déplacements furent le fait de très petits groupes de trois ou quatre familles au plus. Pour adapter leur effectif aux ressources du milieu, ils édictèrent des règles sociales très strictes qui permettaient par exemple, en période de famine ou de pénurie, d'éliminer les vieillards, les faibles et les nouveau-nés du sexe féminin. La loi du groupe primait sur toute autre règle.

L'homme était un chasseur au service de la communauté. La cellule familiale appartenait au groupe. Dans ces sociétés, la notion de profit n'existait pas. L'accumulation des biens et de la nourriture par un seul individu était prohibée. De ce fait, l'homme restait constamment tributaire de la générosité des autres pour nourrir sa famille dans les périodes difficiles. Cette interdépendance permanente permettait au groupe de maintenir fermement sa cohésion. La propriété individuelle, excepté pour les armes, était bannie. La femme d'un chasseur, elle aussi, appartenait au clan et, pour éviter qu'un couple aux liens trop étroits ne se détourne des autres, les échanges de femmes étaient couramment pratiqués.

En outre, elle était indispensable au chasseur qui partait dans une longue randonnée. Le campement sous l'igloo étant prêt en permanence, l'homme pouvait consacrer toute son énergie et tout son temps à chasser. Lorsqu'il rentrait, épuisé et bredouille après des dizaines d'heures passées dans le froid, il trouvait du feu, un repas, une présence réconfortante, un sourire et quelques paroles encourageantes. En repartant, après avoir pris quelque repos, il trouvait ses vêtements prêts. La femme avait recousu une peau déchirée et longuement mâché ses mukluks (bottes) afin d'en assouplir le cuir. Son aide était donc fort précieuse, et tous le savaient. Or, parfois, la femme d'un chasseur qui s'apprêtait à partir était malade. Pour éviter que son expédition ne soit un échec, l'un d'entre eux lui prêtait alors la sienne.

Grâce à cette sévère organisation, les Inuit allaient, malgré un environnement hostile, réussir à traverser l'Histoire et à marquer pour toujours cette terre qui, dorénavant, serait la leur. Ils atteindront leur apogée 4.000 ou 5.000 ans plus tard, lorsque les Inupiats, qui s'étaient installés dans la région du détroit de Béring, ramenèrent leur première baleine sur la banquise, à l'aube de la plus grande culture de l'Arctique, dite de Thulé.

VIE TRADITIONNELLE DES TIKIARMIUTS

Témoin de la réussite d'une société qui a survécu dans l'Arctique depuis des millénaires, le village de Point-Hope a su conserver les traditions du passé et est considéré aujourd'hui par les Inupiats comme un centre spirituel. Ce village, entouré par la mer des Tchouktches, est localisé à l'extrême-pointe d'une avancée de terre de la côte nord-ouest de l'Alaska. Cette presqu'île ressemble à un énorme doigt pointé sur l'Asie, et c'est pourquoi les natifs l'appellent Tikigak, qui signifie l'index en langue inupiat (les gens vivant dans cette région étaient appelés Tikiarmiuts). Les forts vents du nord venant de l'Arctique font de ce village l'un des plus inconfortables du monde. Mais l'abondance et la variété du « gibier » local (baleines franches, belugas, phoques, ours polaires, grizzlys, oiseaux, poissons, caribous, bœufs musqués) ont depuis toujours attiré les Inuit en grand nombre. Les scientifiques pensent que les premiers habitants sont arrivés à Point-Hope il y a des milliers d'années, mais les plus anciennes traces visibles de l'occupation du sol remontent à 600 avant J.-C.

Chaque communauté de l'Arctique avait (et a en fait toujours) son propre territoire dont les limites étaient fort bien connues des villages voisins.

L'étranger, qui se risquait à l'intérieur d'une région qui n'était pas la sienne, prenait un très grand risque. Les Tikiarmiuts, qui avaient formé la plus grande et la plus puissante société du nord-ouest de l'Alaska, étaient fortement jalousés par leurs voisins, et une longue tradition de raids meurtriers a ponctué leur histoire. Pour les 1.300 Tikiarmiuts, la conséquence de ces violents affrontements entraîna dans la première partie du XIXe siècle un important déclin de la population de Tikigak: plus de 300 chasseurs furent tués. L'arrivée en 1849 des premiers bateaux baleiniers américains n'arrangea rien. Très rapidement, les Blancs prirent l'habitude de rendre visite aux habitants de la région pour troquer du bois, des clous, des pointes de harpons, des couteaux, des fusils, du café, du tabac, de l'alcool contre des ivoires de morse, des fourrures de phoque, de renard et d'ours polaire, et de la viande fraîche pour les équipages. Ce contact avec les Blancs ne leur fut pas favorable car il s'ensuivit des épidémies de grippe, de variole, de tuberculose, de rougeole qui décimèrent tour à tour le village. Quant à la faune, son sort fut identique: baleines, morses et caribous furent massacrés et leur rareté provoqua de nombreuses famines.

Après la chute du marché de la baleine, la région fut aidée au début du XXe siècle par une nouvelle demande en fourrure et par l'installation d'un élevage de rennes domestiques. Dans le même temps, l'implantation de l'Eglise et de diverses agences gouvernementales fit entrer Point-Hope dans la société américaine. Dès 1930, l'effondrement du commerce de la fourrure provoqua le retour des trappeurs et des surveillants de rennes (natifs pour la plupart) au village. La population était alors concentrée au lieu d'être, comme autrefois, disséminée en divers campements.

Les Tikiarmiuts n'occupaient généralement qu'une toute petite partie du territoire qui leur appartenait. La compatibilité d'un endroit pour l'implantation humaine dépendait essentiellement de son potentiel animalier. Mais d'autres éléments intervenaient aussi. Dans les croyances de ce peuple, il existait en effet de dangereuses créatures, mi-fantômes mi-esprits, dont la présence sur certains sites interdisait l'installation de tout camp. Les différents groupes, qui avaient l'habitude de se disperser à travers la région, ne se réunissaient qu'au printemps, lors de la chasse à la baleine.

Les gens de Point-Hope suivaient les animaux qui leur fournissaient habits et nourriture. Ces chasses demandaient une excellente organisation. Etre en place au moment opportun ne suffisait pas; il fallait aussi avoir préalablement préparé tout le matériel nécessaire à cette activité: armes, collets, filets, etc.

Ils étaient entièrement dépendants de la régularité des migrations animales. Un fort retard migratoire pouvait provoquer une famine catastrophique. Avec les générations, ils avaient développé leur sens de l'observation et leur connaissance de l'environnement. Ils pouvaient en général prédire un ou deux mois à l'avance toute modification du rythme des migrations. De leur habileté à prévoir ces décalages dépendait leur survie.

La chasse à la baleine terminée, début juin, Tikigak était virtuellement abandonné. A la disparition des glaces, nombre de familles déménageaint vers leurs camps d'été. En fonction de ses besoins, chacune prenait une direction différente. Celles qui avaient décidé de s'installer sur la côte chassaient les phoques, les belugas, pêchaient les saumons au filet et commençaient le ramassage des œufs dans les hautes falaises des caps Thomson et Lisburne où, chaque année, des milliers d'oiseaux venaient se reproduire. D'autres orientaient leur activité vers le commerce et, pour cela, gagnaient en umiak la région de Kotzebue, où se tenait chaque année une grande foire commerciale. Quelques bateaux venaient même de Sibérie. Ils troquaient du phoque, de la baleine, de l'huile et des peaux de morses contre du tabac russe, du jade, des fourrures de caribous ou de rennes de Sibérie. A cette époque de l'année, d'autres encore se dirigeaient vers l'intérieur des terres. Des familles entières marchaient lentement, suivies par leurs chiens qui portaient les tentes et les réserves de nourriture. L'activité principale des hommes était la chasse aux caribous, qui fournissent, l'été, les meilleures peaux pour la confection des vêtements. Les femmes, elles, ramassaient les baies, et lorsqu'un caribou était tué, elles le préparaient, le séchaient sur place avant de le placer dans une cache.

A la fin août, la plupart de ces familles regagnaient Tikigak pour participer aux festivités célébrant une saison d'été particulièrement fructueuse pour la chasse. Puis elles repartaient pour leurs campements d'automne, soit sur la côte, soit à l'intérieur des terres. Elles vivaient généralement dans des maisons partiellement enterrées. Le toit et la partie supérieure des murs étaient constitués par des os de baleines ou des morceaux de bois recouverts de peaux de caribous, d'herbe, de mousse et de terre. L'automne n'était jamais très apprécié des Esquimaux; le froid était déjà vif, le vent et des tempêtes de neige balayaient fréquemment le littoral. La mer démontée interdisait la chasse en umiak. Les jours devenaient de plus en plus courts et les femmes, confinées dans leurs maisons, étaient d'humeur maussade. Les chasseurs, qui voyaient les réserves alimentaires diminuer dans les caches, avaient le visage soucieux.

Mais cette morosité disparaissait brutalement lorsqu'au roulement des vagues succédait le silence de la mer gelée. Ce moment tant attendu de la formation de la banquise provoquait chez les chasseurs une joie intense car elle annonçait le début de la chasse aux phoques qui leur apportait l'essentiel de leur subsistance pendant l'hiver. Au commencement, lorsque l'épaisseur de la glace ne dépassait pas 10 cm, elle ne pouvait supporter le poids d'un traîneau. C'est donc à pied qu'ils partaient chasser. Immobiles, le harpon à la main, ils attendaient patiemment qu'un phoque vienne respirer à son trou. Cette activité était leur principale occupation hivernale. Avec la longue nuit polaire qui s'installait, la glace s'épaississait petit à petit. L'extension de la banquise permettait aux chasseurs d'atteler leurs chiens pour se lancer dans de grandes randonnées en traîneaux.

En janvier, les vieux qui n'avaient plus la force de participer à ces rudes expéditions se retrouvaient côte à côte avec les enfants sur la banquise, pêchant la morue à travers un trou découpé dans la glace. En février, la même technique était utilisée pour attraper les crabes.

Mais, début mars, tous se mettaient en marche pour regagner Tikigak, afin de participer à la plus belle, la plus grande et la plus dangereuse des activités: la chasse à la baleine. Certains arrivaient de fort loin, notamment ceux qui avaient passé l'hiver dans les terres à chasser le caribou. Pour eux, cela signifiait un long et pénible voyage dans le froid de l'Arctique. Mais rien, sauf la mort, n'aurait pu empêcher un chasseur de rejoindre son équipe. Début avril, ils étaient tous là, à nouveau installés sur la banquise, dans l'attente des premières baleines, mettant ainsi fin au cycle qui avait commencé l'année précédente.

LE MONDE SPIRITUEL DES ESQUIMAUX

Dans tout l'ouest de l'Alaska, la religion esquimaude mêle les êtres et les esprits du monde. Ces concepts sont complexes et ont une profonde influence sur leur vie quotidienne. Les croyances et les pratiques religieuses permettent aux Inuit de s'adapter plus facilement aux difficultés et aux événements imprévisibles du monde qui les entoure.

L'aspect le plus net de cette religion transparaît lors des grandes fêtes tenues en l'honneur des esprits des animaux tués dans l'année. Impressionnés par ces marques de respect, ceux-ci incitaient les animaux vivants à se laisser capturer. Pour les communautés de la côte nord, la plupart de ces fêtes étaient en rapport avec la baleine franche, qui était distribuée à tout le village après une saison de chasse fructueuse. Lors de ces réunions, l'esprit et l'humour étaient très appréciés et les chansons amusantes étaient une des principales sources de divertissement.

Le port des masques, la danse et le chant faisaient partie intégrante de ces festivités, qui étaient des événements importants tant au point de vue social qu'émotionnel. Des villages entiers étaient parfois invités. En retour, ils se devaient de convier leurs hôtes l'année suivante. Après 1900, avec la ruée vers l'or, à Nome et l'arrivée des missionnaires, les masques disparurent de la culture esquimaude. Aujourd'hui, seuls quelques Inuit continuent à les fabriquer pour les vendre. Les masques qui représentaient les esprits avaient des formes abstraites. Mi-animal, mi-homme, ils étaient confectionnés à l'aide de plumes, d'herbes, de bois et de fourrures. Ils étaient employés la plupart du temps lors des périodes de pénurie pour appeler les animaux. Dans l'histoire des Inuit, fêtes, danses et masques jouèrent un rôle important dans le maintien de cette solidarité sans laquelle leur vie dans l'Arctique aurait été impossible.

En haut: Dans la culture esquimaude, l'emploi de ces masques dotés d'un pouvoir surnaturel servait à renforcer la solidarité des rapports humains ou à favoriser une saison de chasse. Des os de baleine dressés sur la côte témoignent de l'importance de ce cétacé pour les peuplades de l'Arctique.

Au centre: Armature d'un umiak reposant contre un portique sur lequel sèche une fourrure d'ours polaire. Recouvert de peaux de phoque en mars, il sert à chasser la baleine.

En bas: Au soleil de minuit sur la banquise.

LES INUPIATS DE POINT-HOPE

Autrefois, les Esquimaux passaient peu de temps, l'hiver, dans leurs maisons car les besoins en peaux, en fourrures et en nourriture les entraînaient dans de grands voyages. C'est au cours de ces incessants déplacements qu'ils construisaient l'igloo qui, ici, n'a jamais été l'habitat traditionnel. Il ne s'agissait que d'un abri temporaire, reconstruit chaque soir pour passer la nuit ou pour se protéger d'une tempête. Aujourd'hui, ce nomadisme a disparu car l'argent et les magasins ont fait leur apparition dans les villages. En outre, la disparition quasi totale des chiens de traîneau, remplacés par les « skidoos », a rendu aléatoires, pour ne pas dire dangereuses, les grandes randonnées. Hier, les hommes pouvaient en toute sécurité partir chasser à des distances considérables; les chiens, quoi qu'il arrivât, les ramenaient toujours au village car, à la grande différence d'une moto-neige, ces animaux, eux, ne tombaient jamais en panne. Beaucoup de familles tirent encore l'essentiel de leur nourriture de la nature. Elles se déplacent donc toujours, mais dans un rayon relativement proche du village pour pouvoir, dans le pire des cas, revenir... à pied.

De nos jours, à Point-Hope, certains ont étudié dans de grandes universités et vont en vacances... à Hawaï. Mais ils sont revenus dans leurs villages car ils ont tous inscrit dans leurs gênes le goût des muktuks (morceaux de peau et de lard de cétacés), de la chasse à la baleine et l'amour de leur terre.

Ci-dessus: L'étonnante enceinte en os de baleine du cimetière de Point-Hope.

Ci-dessous:
Cet avion qui manqua son atterrissage en 1976 sert aujourd'hui d'habitation.

La pêche au trou a lieu en février lorsque les morues sont abondantes sous la banquise.

A droite: Au soleil de minuit le « qualgi » du village (maison commune), en forme d'igloo.

Le traditionnel tambour esquimau est formé par de la peau d'intestin de phoque ou de caribou tendue sur un cercle de bois.

N.B. Les Inuits sont scindés en deux groupes: les Inupiats au nord et les Yup'iks au sud.

LA CHASSE A LA BALEINE

Elle représente le point final d'une année d'activité. Toutes les autres chasses procurent le matériel nécessaire: peaux de phoque pour recouvrir l'umiak, fourrure de caribou pour se protéger du froid, réserves de nourriture, etc.

Début avril, à Point-Hope, le passage des premiers oiseaux migrateurs annonce le commencement de la chasse à la baleine. Chaque capitaine, appelé «umialik», a déjà recruté son équipe, constituée d'un barreur, de six pagailleurs et d'un harponneur. En mars, les femmes ont soigneusement cousu ensemble six nouvelles peaux de phoque barbu (appelé oogruk par les locaux) avant de les tendre, à l'aide de cordelettes, sur l'armature en bois du traditionnel bateau esquimau.

C'est à chaque capitaine que revient la responsabilité de choisir le meilleur emplacement pour installe son camp arrière: une glace lisse, suf fisamment épaisse, pas trop loin du rivage, bien protégée du vent et sur tout sans aucune fissure. La piste d'accès une fois tracée est entrete nue tout au long de la saison de chasse par les membres de l'équipe

Ainsi, en cas d'urgence, le précieux bateau et tout l'équipement peuven être rapatriés au village dans les plu

brefs délais. Une fois la tente dressée, il faut encore accéder à la mer. Ces quelques centaines de mètres sont en général les plus difficiles à franchir car, à cet endroit, la banquise est un amas de blocs de glace qui se chevauchent, s'entassent et se dressent. De longues heures d'un travail pénible sont nécessaires pour tailler à coups de pics et de pioches le chemin qui permettra d'installer le camp d'observation et l'umiak face à l'eau.

Les fusils chargés sont alignés sur le sol, les harpons soigneusement vérifiés. Pour les chasseurs, abrités du vent glacial par un muret de glace, commence une interminable attente. Le silence n'est déchiré que par les crachotements de la C.B. (radio portative) qui relie en permanence les quinze équipes alignées sur un front de quatre kilomètres de long. 24 heures sur 24, des guetteurs juchés sur de gros monticules, les yeux vissés aux jumelles, scrutent inlas-

sablement la mer. Tous ont revêtu leurs parkas blanches pour se fondre dans le paysage environnant.

Avant d'être autorisé à monter dans un bateau, le jeune Esquimau doit apprendre la vie du camp. Dans

Guetteur esquimau observant les mouvements du pack.
Installation des tentes des camps arrière sur la banquise.
Casquette et ray-ban ou... de l'influence de la société américaine dans l'Arctique.
Merveilleusement adapté aux terrains difficiles, le skidoo a remplacé les chiens pour se déplacer.

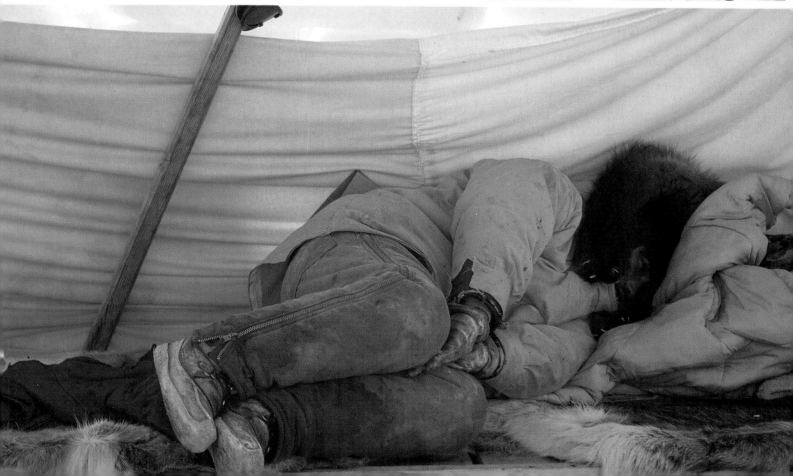

chaque équipe, un adolescent aide la femme du capitaine dans ses tâches quotidiennes. Le jour, ses activités sont diverses: découper de la glace et la faire fondre dans la grande bassine qui trône en permanence sur le poêle, apporter du café aux hommes, scier un morceau de caribou congelé, aller chercher au village un produit ou une casserole manquante, etc. La nuit, les yeux rouges de fatigue, il est chargé de surveiller le feu et de l'alimenter en cas de besoin avec un morceau de graisse de phoque. Il ne dort presque jamais. Il se forge ainsi une résistance extraordinaire qui fera de lui, plus tard, un redoutable chasseur.

Les jours, les semaines s'écoulent, entrecoupés de parties de cartes, de tirs aux canards qui passent par milliers, d'histoires, de vaines sorties à la poursuite d'une baleine, de tempêtes essuyées. Les replis en catastrophe se produisent uniquement lorsque le pack, poussé par les vents ou les courants marins, vient s'écraser sur la banquise. Les camps sont immédiatement repliés car les pressions engendrées sont énormes et d'immenses plaques de glace peuvent à tout instant partir à la dérive.

Malgré le froid, les hommes ne quittent que rarement leur poste d'attente. Lorsque le sommeil les gagne, ils s'allongent quelques heures sur une peau de caribou ou à même la glace. Ceux qui s'accordent parfois un repos dans la tente surchauffée ne se déshabillent jamais. A partir du mois d'avril, à Point-Hope, les nuits sont courtes et suffisamment claires pour la chasse. Les hommes doivent être prêts 24 heures sur 24 à bondir dans l'umiak à la moindre alerte.

Si aucune baleine n'apparaît, les Inupiats tournent leur attention vers les belugas, petites baleines blanches de 3 à 5 m de long qui, à cette époque de l'année, remontent le long des côtes de l'Alaska pour aller mettre bas sur leur lieu d'origine. D'immenses troupes de plusieurs milliers d'individus passent parfois pendant des heures, face au camp. Les Esquimaux les tuent au fusil, puis les ramènent sur la banquise à l'aide d'un grappin attaché à un long filin. Les muktuks sont cuisinés par les femmes, sous la tente. Elles distribuent ensuite aux hommes de larges bassines de soupe à la béluga, tout à fait excellente. Le repas se termine par un café accompa-gné de quelques « donuts », délicieux beignets que la cuisinière apporte régulièrement par... centaines! Mais le plus prisé par les chasseurs est un morceau d'aileron cru avec un peu de sel et de moutarde. Ces mammifères sont une véritable aubaine pour le capitaine, qui doit nourrir son équipe tout au long des deux mois de la saison de chasse.

Lorsque les Américains découvrirent la baleine franche, au milieu du XIXe siècle, les Inuit vivaient de sa capture depuis des millénaires. En un an, ils tuèrent plus de baleines que les

Ci-contre:
En haut: Ambiance d'un camp avancé, au bord de la mer.

Au milieu: Découpe d'un beluga - Umiak prêt à partir à la moindre alerte.

En bas: Allongé sur une peau de caribou, repos bien mérité après une longue nuit de veille.

Ci-dessus: Jour et nuit les hommes se relaient pour guetter le passage éventuel d'une baleine. La lunette d'un fusil peut faire office de jumelle.

Page suivante: Umiaks poursuivant une baleine. Au premier plan une équipe prudente attend une deuxième apparition du cétacé avant de s'élancer à son tour.

Esquimaux n'en avaient tué en plusieurs siècles. Plus de 700 bateaux opérèrent dans cette région pendant plusieurs dizaines d'années. En 1920, ces « bowheads » étaient devenues si rares et les prix si exorbitants que cette activité fut stoppée. Des 18.000 baleines estimées initialement, il n'en restait guère plus d'un millier et, à partir de 1937, elles furent totalement protégées. Mais cela ne concerna pas les natifs.

Dans les années 1970, le Comité Scientifique de la Commission Internationale Baleinière demanda l'envoi d'observateurs dans les villages esquimaux pour essayer de dénombrer plus exactement la population des baleines franches. Les rapports furent consternants : après plusieurs dizaines d'années de protection, leur nombre n'avait guère progressé. De nombreux organismes mondiaux demandèrent alors l'arrêt de la chasse. Mais les Inupiats affirmèrent que cette activité vieille de plus de 4.000 ans leur était indispensable, matériellement et culturellement parlant. Le gouvernement américain sera peut-être, un jour, obligé d'avoir à choisir entre la survivance culturelle des chasseurs esquimaux et la survivance physique des baleines franches. En attendant, depuis 1980, la Commission Baleinière a opté pour un système de quotas qui alloue chaque année aux différents villages un nombre précis d'harponnages en fonction de leur population. Fortement controversée par les Inuit, cette règle est toujours en vigueur.

Capturer une baleine en umiak n'est pas chose aisée. Lorsque l'une d'elles approche, tous les chasseurs sont rapidement avertis grâce à la C.B. Aussitôt, les hommes s'installent dans les embarcations, qui sont rapidement mises à l'eau. Dans un profond silence, tous observent avec attention la mer afin de détecter l'endroit où le double souffle caractéristique de la « bowhead » jaillira. Son apparition déclenche le départ brutal de tous les umiaks, qui se lancent à sa poursuite sans aucun bruit. Mais il faut une très grande expérience pour deviner sa trajectoire sous l'eau ou beaucoup de chance afin de se trouver à portée de harpon lorsqu'elle émerge à nouveau.

A gauche :
Lorsqu'une baleine est signalée, les Esquimaux passent parfois des heures, assis, immobiles dans leurs bateaux.
Homme se préparant à harponner une baleine qui est apparue à quelques mètres du camp surprenant tout le monde.

Cela peut durer des heures et, bien souvent, la baleine plonge pour disparaître définitivement au fond des mers ou sous les glaces, sauvant ainsi sa vie.

Hier, seule l'expérience et l'habileté comptaient pour devenir capitaine. Aujourd'hui, l'argent remplace parfois ces deux anciennes valeurs. Une saison de chasse coûtant très cher, seuls les plus fortunés peuvent entretenir un équipage. Grâce à leurs dollars, certains sont devenus capitaines; mais, inexpérimentés, ils harponnent dans de mauvaises conditions (trop près de la glace ou dans des zones d'eau libre insuffisante) ou avec un harpon fonctionnant mal. Une baleine qui disparaît pour aller mourir sous la banquise est en général une baleine perdue. Mais parfois, après une ou deux journées de recherche, les Esquimaux la retrouve... à l'odeur. Ils découpent alors un large rectangle, à la scie, au pic ou à la tronçonneuse pour la

récupérer sous une épaisseur de glace qui peut atteindre 1,50 m!

Lorsqu'une baleine est touchée, les autres équipes se ruent aussitôt sur le lieu du drame car dans la tradition Inuit, il est essentiel d'être le premier à porter main-forte pour achever le cétacé. Une fois mort, celui-ci flotte, retourné sur le dos. Tous, unissant leurs efforts, remorquent lentement la baleine jusqu'au rivage. La nouvelle de sa capture se répand comme une traînée de poudre dans le village et, à son arrivée, tout le monde est là, prêt à participer au halage de l'énorme mammifère sur la banquise.

Le découpage terminé, les Inupiats ne manquent jamais, pour remercier la mer de sa profonde générosité, de lui offrir en retour le crâne de la baleine. Ainsi, les animaux marins participent eux aussi au grand festin de la nature.

Ci-dessous: La langue peut peser plusieurs tonnes!

NANUK, L'OURS POLAIRE

L'ours polaire, appelé « Nanuk » par les Inuit, fut décrit pour la première fois en Amérique du Nord par le capitaine Philips, dans son livre *« Un voyage en direction du pôle Nord »*. Il le dénomma *Ursus Maritimus,* qui est aujourd'hui le nom scientifique sous lequel il est répertorié. Il se serait introduit dans l'Arctique au milieu ou à la fin du Pléistocène. Les spécialistes pensent qu'une population d'ours bruns se trouva isolée en Sibérie et se transforma en ours blancs.

Doté par la nature d'un long corps, d'un cou épais et de longues griffes incurvées et acérées, l'ours polaire est un carnassier vivant principalement de la chasse aux phoques. Il faut observer la patience déployée par un ours lors de son attente proche d'un aglou (trou de respiration des phoques) et sa technique de chasse pour mieux comprendre combien l'Esquimau est proche de cet animal dont, à l'évidence, il a observé avec attention le comportement pour en tirer les enseignements nécessaires à sa survie dans l'Arctique.

Les ours polaires sont des grands voyageurs qui suivent en permanence le mouvement du pack. Malgré leur allure pataude, ils couvrent des distances considérables à une vitesse moyenne de 3 à 5 km/h. A la course, ils peuvent atteindre 40 km/h. En dépit de son poids et de sa taille (600 kg et 3,50 m du nez à la queue pour les plus grands), l'ours polaire fait preuve d'une agilité remarquable pour franchir les innombrables obstacles qui jalonnent la banquise. Parfaitement à l'aise dans l'eau, il peut plonger pour émerger silencieusement à côté d'un phoque ou nager sur des centaines de kilomètres pour changer de territoire de chasse. Doté d'un odorat remarquable, il détecte à des kilomètres de distance la présence des carcasses de morses ou de belugas qui, souvent traînent sur le rivage, à proximité des camps. Malheureusement, cette visite lui est souvent fatale, car les natifs (qui sont les seuls à pouvoir le chasser librement) le tuent pour sa fourrure soyeuse et pour le symbole qu'un tel acte a toujours représenté à leurs yeux.

Abattre un ours conférait au chasseur une grande notoriété au sein du village, car il fallait du courage et de l'adresse pour oser affronter seul, à la lance, un animal aussi puissant et aussi dangereux. Aujourd'hui, l'introduction du fusil a rendu cette chasse moins risquée, et pourtant, revenir au village avec une peau sur son traîneau est toujours un événement considérable qui attire les hommes.

Au printemps, les ours polaires affamés aiment visiter les camps baleiniers où traînent de nombreuses carcasses de belugas. Les morses portés par les glaces de la débâcle arrivent fin juin à Point-Hope où ils sont surtout chassés pour leurs défenses.

LA FÊTE DE LA BALEINE

Il faut que le village ait capturé une baleine pour que cette fête se déroule. Pour ce peuple de chasseurs, une année sans baleine est une année maudite.

Elle appartient au capitaine qui, par chance ou par expérience, se trouva le mieux placé pour la harponner le premier. Lui et ses hommes reçoivent les meilleurs morceaux. Les autres équipes sont servies en fonction de leur ordre d'arrivée pour aider à la tuer ou à la remorquer.

Des échanges et des partages ont, depuis toujours, eu lieu avec les habitants des villages voisins, qui venaient et viennent toujours en grand nombre, revêtus de leurs plus belles parkas, lors de la traditionnelle Fête de la Baleine qui, à la mi-juin, clôture la saison de chasse. L'honneur de nourrir tous les participants est réservé aux capitaines qui ont tué les baleines. Ils s'endettent parfois lourdement afin d'offrir à tous des boissons, des fruits et des sucreries pour les enfants.

Le premier jour, leurs umiaks sont amenés cérémonieusement sur la lande, près des cuisines ambulantes où doivent se dérouler les festivités. Puis leurs femmes offrent aux invités, assis à l'abri d'une grande bâche pour se protéger du vent glacial, des intestins de caribou frits, de la viande de baleine faisandée, du poisson congelé, avec, en guise de dessert, de la graisse de caribou fouettée qu'ils appellent avec humour de « l'esquimau-ice-cream » ! Les autochtones ont toujours aimé ces nourritures au goût fort prononcé qui, au siècle dernier, empoisonnèrent quelques explorateurs qui s'en étaient gavés.

Le deuxième jour, les « umialiks » et leurs épouses distribuent à tous les participants de fines tranches d'ailerons de baleine ainsi que les fanons qui, une fois décorés, seront revendus aux touristes, à Anchorage.

Le troisième jour, tout s'achève avec un « blanket toss » en l'honneur des capitaines victorieux qui sont, à tour de rôle, catapultés dans les airs à l'aide d'une grande peau circulaire. Cette coutume, qui permettait autrefois à un guetteur de détecter le souffle des cétacés à l'horizon, n'est plus utilisée que pour clôturer cette fête. Ce « peuple de la baleine » voit avec effroi disparaître la plupart de ses valeurs ancestrales, et cette chasse, qui nécessite la participation de tous, est la seule chose qui lui reste pour conserver un minimum de cohésion, sans laquelle, cette culture se délitera.

A gauche : Arrivés de tous les villages environnants, les esquimaux se sont installés à l'abri d'une bâche pour participer à la fête de la baleine.

Ci-dessus : Pendant trois jours les femmes cuisinent en plein air.

En bas : Les muktuks de la baleine finement tranchés vont être distribués à tous les participants. Les autochtones raffolent de ces morceaux de peau et de lard qu'ils mangent crus.

L'OR DU KLONDIKE

En 1896, les Etats-Unis vivent les jours noirs de la crise industrielle. Depuis l'effondrement du cours de l'argent en 1893, plus de deux cents banques ont fait faillite. Des milliers de chômeurs errent dans les villes en quête de bonne fortune. Sur la côte ouest, l'avenir est encore plus sombre et, dans les grands ports, l'humeur est maussade. Mais une fabuleuse découverte dans le Grand Nord apporte tout à coup une bouffée d'espoir. En 1880, en Alaska, quelques centaines de mineurs travaillaient déjà sur des affluents du fleuve Yukon. Des petites villes, comme Circle City, s'étaient développées. Au Canada, Forty Miles était un petit camp de prospecteurs qui, comme son nom l'indique, était situé à 40 miles du dernier poste civilisé. Il était le comptoir commercial le plus important de tout le Yukon. Les Blancs qui sillonnaient les pistes de ce territoire restaient parfois des mois sans rencontrer âme qui vive. Ils vivaient de la trappe et de la vente des fourrures. Mineurs ou trappeurs, tous étaient certains que la région regorgeait d'or, et ils prospectaient en secret et avec acharnement.

A l'origine de l'histoire, Robert Henderson, un vieux chercheur d'or qui, en août 1896, voit enfin briller quelques paillettes dans sa bâtée. En route pour aller faire enregistrer sa concession (claim), il rencontre, à l'embouchure de la rivière Klondike, George Carmack, un homme blanc qui a épousé une Indienne et adopté son style de vie. Il voyage en compagnie de deux Indiens, Charlie Tagish et Jim Skookum. Comme le veut le code moral des prospecteurs, Henderson l'informe de sa découverte sur la Rabbit Creek (petit ruisseau qui se jette dans la rivière Klondike), et il lui suggère de prendre rapidement une concession dans la région. Mais, n'ayant aucune affection pour les natifs, il lui conseille surtout de ne pas partager une telle aubaine avec ses deux acolytes indiens. Cette remarque lui coûtera fort cher. Carmack et ses deux compagnons partent prospecter dans la région. Mais ils ne trouvent rien jusqu'à cette nuit du 16 août 1896 où, n'en croyant pas leurs yeux, ils ramènent du lit de ce ruisseau, une bâtée pleine d'or. Leur fortune est faite car ils viennent de découvrir la plus grande concentration d'or du monde. Cette petite rivière sera rebaptisée plus tard sous le nom de Bonanza Creek.

Le lendemain, ils délimitent cinq claims et partent pour Forty Miles afin de les faire enregistrer. Soit par hâte ou à cause de la haine qu'Henderson porte aux Indiens, aucun des trois hommes ne s'arrêtera pour l'informer de leur prodigieuse découverte. Il ne l'apprendra que beaucoup plus tard, alors que déjà plus aucun claim n'est libre dans cette région. Il s'obstinera à creuser jusqu'à sa mort en 1933, sans jamais revoir la moindre paillette. Carmack, après avoir enregistré ses terrains, proclame sa découverte. Surnommé George le Menteur, au début personne ne le croit. Mais, devant la quantité d'or qu'il verse sur la balance, les hommes de Forty Miles replient leur campement et partent aussitôt au Klondike, suivis bientôt par ceux de Circle City. La ruée vers l'or est commencée. Tous les villages installés le long du Yukon sont désertés. Mais il faudra plus d'un an avant que cette nouvelle atteigne le monde civilisé.

Le 16 juillet 1897, le steamer *Excelsior* arrive à San Francisco, apportant les premières informations sur cette fantastique découverte. Le lendemain, à Seattle, le steamer *Portland* débarque 88 mineurs et plus de 700.000 $ en or. Ce qui n'était jusqu'à la fin de 1896 qu'une vague rumeur devient une certitude. Gold! Gold! De l'or à fleur du sol au Klondike! Il n'y a qu'à se baisser pour le ramasser... La nouvelle enfle, fait le tour du monde. Partout, des hommes quittent leur travail, abandonnent femmes et enfants, vendent leur maison pour se ruer vers ce nouvel « Eldorado ».

Des aventuriers arrivent du Canada, de Russie et même de France, comme le prouvent encore aujourd'hui les pierres tombales qui jalonnent la piste de l'or. Aux Etats-Unis, un vent de folie souffle sur la côte Pacifique. Une ère d'ébullition, d'optimisme et de prospérité gagne tout le continent américain. Dans les ports de Seattle, San Francisco, Portland, Tacoma et Vancouver, c'est la ruée.

Des millions de tonnes d'équipement arrivent dans ces villes. Les magasins étant trop petits, le matériel s'entasse dans les rues qui sont transformées en un gigantesque marché. Tout ce qui est en rapport avec le Klondike et les mines se vend à prix d'or. Les marchands font fortune car le gouvernement canadien exige que chacun de ces aventuriers emporte avec lui l'équivalent d'un an de réserves, soit une tonne d'équipement, dont 350 kg de vivres.

Ils sont plus de 100.000 qui finalement s'embarquent pour rejoindre Skagway ou Dyea en Alaska. Mais bien peu savent exactement où ils vont et la plupart des guides placent le Klondike... en Alaska.

Au printemps 1898, 112 bateaux ont été construits pour répondre à la demande de tous ces pionniers qui veulent partir en direction du Nord. Tout ce qui ressemble à une embarcation ou qui flotte est mis en service. Certaines sont de véritables épaves qui ont bien du mal à rester à flot, mais personne n'y attache d'importance. A bord l'espace est un luxe et le prix d'une cabine atteint des sommets vertigineux. Deux possibilités s'offrent à ces hommes: soit gagner avec un steamer des lignes traditionnelles, la mer de Béring et remonter ensuite le fleuve Yukon sur 2.500 km, de son embouchure jusqu'à Dawson City, mais c'est un voyage long, difficile et coûteux, soit après avoir remonté les côtes de l'Alaska, débarquer à Juneau. De là, ils gagnent en barges Skagway, point de départ de la White Pass ou le village indien de Dyea, au pied de la Chilkoot Pass. Ces deux pistes harassantes franchissent de hautes montagnes qui font office de frontière entre le territoire canadien du Yukon et l'Alaska. Des 100.000 hommes qui débarquent, 40.000 d'entre eux ne verront jamais Dawson City. La ville, de Skagway qui fut fondée en 1887 par le capitaine William « Billy » Moore, voit sa population bondir jusqu'à 15.000 habitants au plus fort du rush. En 1910, il n'en restera que 600. Vingt ans plus tard, avec le déclin du Klondike et la crise de 1930, elle deviendra ville morte. De cette cité, célèbre à la grande époque pour son climat de violence, de haine et de meurtre il ne reste aujourd'hui qu'une petite bourgade paisible de quelques centaines d'habitants. Elle ne s'anime que l'été lorsque des milliers de touristes débarquent au volant de leur camping-car pour partir sur les traces des pionniers. Mais aujourd'hui une large route asphaltée traverse la difficile White Pass qui, au siècle dernier, stoppa tant d'hommes.

Pour les aventuriers de 98 ce « trail » est un véritable cauchemard où la mort et les scènes d'horreur sont quotidiennes. Cet étroit chemin où ils sont des milliers à progresser en file indienne, n'est qu'une succession de larges éboulis, de marécages, de profonds canyons, de hautes montagnes, de forêts impénétrables et de rivières à franchir. Pour hisser leur matériel au sommet de ce col ils utilisent tout ce qui peut tirer ou porter une charge. Des chevaux, des mulets, des chiens, des bœufs, des chèvres et des mules surchargés progressent péniblement. Ces hommes n'ont pour la plupart aucune idée sur la façon de conduire un animal. Tous les moyens sont bons pour les faire avancer: hurlements, coups de fouet, de bâton ou de pic.

Des scènes d'horreur ont lieu. Des hommes rendus à l'état de bêtes s'obstinent souvent à frapper à mort des animaux qui ne peuvent plus avancer. L'essentiel est d'arriver le plus vite possible au lac Bennett, à n'importe quel prix. Lorsque la pluie s'en mêle, le spectacle devient hallucinant... pendant des heures ou des jours la colonne s'immobilise. Hommes et animaux complètement enlisés n'arrivent plus à s'arracher à ce profond bourbier. Parfois des glissements de terrain ou des animaux morts stoppent la progression. A Skagway la demande en chevaux est tellement importante que même les bêtes les plus chétives sont envoyées des États-Unis. La plupart arrivent dans un état pitoyable, et bien peu survivront sur la White Pass. Plus de 3.000 chevaux périront de froid, d'épuisement, de chutes ou de mauvais traitements. En souvenir de ces milliers de carcasses abandonnées qui jonchaient cette piste, on la surnomma « the trail of the Dead Horses » (la piste des chevaux morts). Dès septembre, avant l'arrivée brutale de la mauvaise saison les hommes stoppent car la plupart réalisent que jamais ils n'auront la force physique ou le mental suffisant pour affronter des conditions climatiques aussi rudes. Alors ils battent en retraite en direction de Skagway où ils essaient de revendre le restant de matériel et de nourriture qu'ils n'ont pas abandonné en chemin. Pour eux l'aventure est terminée, mais d'autres aussitôt prennent la relève car ils sont toujours des milliers à débarquer régulièrement. Il faut plus de trois mois pour parcourir les 70 km de cette piste car peu d'hommes peuvent charger plus de 30 kg sur leurs épaules. De ce fait leur progression n'est qu'une succession d'allées et venues pour transporter cette tonne de matériel indispensable à l'entrée du Canada.

Beaucoup meurent de grippe, de méningite, de froid ou tout simplement de faim, car personne ne s'occupe de personne. Et pour ceux qui atteindront le lac Bennett, le voyage ne fera que commencer car 800 km de pistes inconnues et glacées restent encore à parcourir pour les plus intrépides avant d'arriver à Dawson City. Beaucoup préfèrent s'installer sur les berges des grands lacs de la région de White Horse dans l'attente du printemps.

Le vieux rêve du capitaine « Billy » Moore de voir un train traverser ces montagnes prit réalité lorsque Thomas Tanerede représentant un groupe d'investisseurs anglais et Mike Heney un entrepreneur ferroviaire se rencontrèrent à Skagway pour constituer la « White Pass and Yukon Railway Company » en avril 1898. Beaucoup de personnes, à cette époque, pensaient que cette idée était une pure folie et que jamais un train ne parviendrait à franchir la White Pass. Mais Heney était un homme obstiné. La construction commença le 27 mai. Pour diminuer les coûts, la largeur de la voie fut réduite afin de restreindre l'importance du balast. Des milliers d'hommes luttèrent dans le froid, le vent et les rafales de neige pour réaliser cet audacieux projet. Qu'ils aient à tailler de profondes tranchées, à creuser un tunnel dans la roche ou à bâtir un pont en bois pour enjamber un large canyon, tout se passait à la main car les ouvriers n'avaient que des pics, des pelles et de la dynamite. Et pourtant le 18 février 1899 la voie arrivait au sommet de la White Pass et cinq mois plus tard en atteignant le lac Bennett, elle mettait un point final à l'épopée pédestre de la White Pass.

Pendant l'hiver, sur les rives des lacs Bennett, Lindemann, Tagish et Laberge, plus de 30.000 personnes (car beaucoup sont arrivés par la Chilkoot Pass) rasent les forêts environnantes pour bâtir la plus incroyable Armada de l'histoire. La plupart n'ont évidemment aucune expérience de la construction navale et des embarcations fort curieuses sont élaborées: cela va du kayak au voilier sophistiqué, en passant par le canoë, la barque, le radeau, le chaland et une multitude de « coquilles de noix » toutes plus hétéroclites les unes que les autres. Ils seront nombreux, ceux qui, lors de la descente du fleuve, regretteront amèrement, en barbotant dans l'eau glaciale, de n'avoir pas apporté plus d'attention à leur réalisation.

Les aventuriers américains, eux, sont exaspérés d'avoir à payer des taxes sur les matériaux de construction, alors qu'ils estiment être sur leur propre sol. Il faut dire que la localisation de la frontière était, déjà bien avant 1898, un problème épineux entre les deux pays.

634.

TUNNEL ON THE WHITE PASS AND

KON ROUTE

La police canadienne qui fut la première sur place à la White Pass et à la Chilkoot Pass permit certainement de préserver une partie du Yukon pour le Canada. Ceci provoqua une situation tendue avec les autorités américaines qui croyaient, selon les termes du traité de 1867, signé avec les Russes, que l'Alaska s'étendait jusqu'au lac Bennett. Le 28 mai 1898, juste après la débâcle, la ruée vers l'or du Klondike commence... Plus de 7.000 embarcations se lancent sur le Yukon.

Pour retracer cette invasion historique, Christian, Cédric, Laurent et moi-même construisons, nous aussi, au printemps 1987 un radeau pour descendre ce fleuve comme Jack London le fit... jusqu'à la mer de Béring. Ces 3.000 km d'aventure, qui nécessiteront trois mois pour être menés à bien, nous feront découvrir tous les problèmes auxquels furent confrontés les pionniers du siècle dernier qui en s'embarquant n'avaient aucune idée des difficultés qui les attendaient sur ce fleuve inconnu. Les hauts fonds qui par dizaines le barrent sur toute sa largeur nous obligent à passer des heures dans l'eau glacée à pousser les quatre tonnes de notre radeau, à l'aide de troncs qui en faisant levier nous permettent de gagner, centimètre par centimètre, la distance qui nous sépare d'une eau navigable. Combien d'altercations durent éclater entre les pionniers lorsque bloqués, eux aussi, ils perdaient des heures ou des jours entiers à pousser leurs embarcations. Car entre tous ces bateaux qui se ruaient au Klondike, c'était une course implacable. Les premiers arrivés pensaient obtenir les meilleures concessions. Combien grande dut être leur déception, lorsque débarquant à Dawson City, ils réalisèrent que les vieux Yukoners s'étaient octroyés, depuis bien long-temps, les meilleurs emplacements. Dans ce courant rapide, notre radeau, vu son poids, se révèle ingouvernable. Nous ne pouvons éviter qu'il s'approche parfois de la berge hérissée d'arbres couchés à l'horizontale. Tente et mât sont alors systématiquement arrachés. Au passage les branches balaient tout le matériel qui n'a pas été solidement arrimé.

Lors de la ruée, combien de prospecteurs durent voir tous leurs espoirs s'évanouir... dans le Yukon. Il suffisait en effet d'un arbre et d'un seul pour envoyer par le fond tout leur précieux matériel qui, en disparaissant, anéantissait en un instant, leurs dernières illusions de faire fortune un jour, au Klondike.

Quant aux rapides de « Miles Canyon » dans lesquels 150 bateaux se fracassèrent contre les rochers, ils sont aujourd'hui assagis par un barrage situé en amont de White Horse. Ceux des « Five Fingers » ont été élargis à la dynamite. Leurs passages, en aval de la petite cité de Carmacks, marquent la véritable entrée au pays des chercheurs d'or qui dans le territoire canadien du Yukon, sont encore nombreux à marcher dans les traces des vétérans de 98.

Ci-contre: Les monts Ogilvie au Yukon.
Pages suivantes: Les couleurs automnales le long de la route de Dempster (territoire du Yukon) et les célèbres rapides des « Five Fingers » du fleuve Yukon en aval de la ville de Carmacks.

G.LEON
USA
DIED
1898
CHILKOOT
TRAIL

APRIL 3

NOSCITUR

SHOT IN THE
MOUNTAINS
MAY 1ST 1898

LA CHILKOOT PASS

Le symbole de la ruée vers l'or du Klondike reste l'ascension de la Chilkoot Pass. Cette deuxième piste, plus courte que la White Pass et ouverte toute l'année, est la plus difficile. Empreintée par la majorité des « rushers », elle avait été utilisée bien avant 1898 par les Indiens Chilkat et par les premiers prospecteurs qui s'étaient rendus au Yukon. Entre 97 et 98, 30.000 hommes se lancent dans cette ascension surhumaine. Certains, fort mal renseignés sont habillés en... costume de ville! Les plus riches louent des « dos d'Indiens » pour les aider à transporter leur tonne de matériel au sommet.

Mais la plupart sans argent doivent se débrouiller seuls. Chacun fait en moyenne une trentaine de voyages pour amener son stock au col. Celui qui, épuisé, s'arrête pour se reposer un instant, attend parfois des heures avant de pouvoir réintégrer la file qui jamais ne s'arrête. Cette piste est un gigantesque dépotoir car tout le superflu est abandonné et de nos jours, nombreuses sont encore les traces qui jonchent le chemin de cette incroyable aventure. Au sommet du col, des centaines de tonnes de matériel sont entreposées.

Cet hiver là, le froid atteint des records. Les tempêtes se succèdent; plus de deux mètres de neige s'abattent sur la montagne et le 3 avril 1898, soixante-trois hommes sont emportés par une avalanche. Aujourd'hui leurs corps reposent toujours dans le petit cimetière de Dyea. Tous les pionniers endurent de terribles souffrances. Mais ils ne sont pas les seuls: au sommet du col, la police montée canadienne vérifie dans la tourmente, que chaque homme soit bien en possession du matériel demandé, avant de le laisser continuer en direction des grands lacs.

A l'arrivée de la piste, au lac Bennett, ils sont plus de 10.000 entassés dans la plus grande ville de toile du monde. Tous ont mis plus de trois mois pour franchir les... 50 km de la Chilkoot Pass.

Ci-contre: L'enfer de la Chilkoot Pass. Les hommes durent escalader ce col des dizaines de fois pour amener tout leur équipement au sommet. Beaucoup furent emportés par des avalanches ou tués par un compagnon. Aujourd'hui, au pied du col des tombes témoignent encore de ces drames.

En haut:
Les moyens les plus incongrus étaient utilisés pour faire progresser les embarcations sur les lacs gelés.

EN ROUTE
VERS LE KLONDIKE

DAWSON CITY

Lorsque 90 ans après l'arrivée de la grande Armada, nous arrimons notre radeau à Dawson City, nous découvrons dans un cadre grandiose, dominé par la montagne du Dôme, une petite ville western d'où émane une profonde sérénité. Dans la rue principale, en bordure du Yukon, de petits magasins en bois, fraîchement repeints et parfaitement alignés, rappellent aux touristes, par leurs enseignes et le contenu de leurs vitrines, qu'ils sont ici au pays de l'or. Quelques élégantes vêtues de jupes amples et de bottines arpentent encore les trottoirs de bois surélevés, donnant à ce lieu un charme désuet.

Des baraques historiques, délabrées mais pieusement conservées, jouxtent de belles bâtissent soigneusement restaurées. De ce qui fut autrefois le « Paris du grand Nord », il ne reste aujourd'hui, lorsque le froid a chassé les touristes, qu'une ville fantôme habitée par une poignée d'inconditionnels de la tranquillité.

En 1896 à l'arrivée des premiers prospecteurs qui ont abandonné Forty Miles, Joseph Ladue, un vétéran du Yukon est déjà sur place. Commerçant né, il a compris cette fois qu'il tient la chance de sa vie, car à l'évidence des milliers d'autres vont suivre. Il prend une vaste concession au confluent du Yukon et de la rivière Klondike. Il plante son camp dans ce marais, installe une scierie et construit la première maison en bois de la future capitale du Yukon. Durant la fin de l'été et l'automne 1896, des bateaux arrivent continuellement à Dawson. La ville commence à grandir. Chaque jour de nouvelles tentes s'installent, qui avec le temps seront petit à petit remplacées par des maisons en bois. Au printemps 1897 plus de 1.500 personnes sont sur place. En six mois les prix quadruplent. Les plus entreprenants bâtissent des saloons, des salles de jeux, des dancings et font déjà fortune, comme Ladue

Dawson City et le fleuve Yukon vus depuis le Dôme. Lors du rush de 1898, cette montagne disparue sous des milliers de tentes. Plus de 30.000 personnes s'installèrent ici. En quelques mois cet ancien marécage devint la plus grande cité canadienne au nord de Vancouver. Aujourd'hui, de cette « Gold City », il ne subsiste que quelques vieilles bâtisses et 700 habitants vivant du commerce, de la trappe et des touristes qui chaque été envahissent la région.

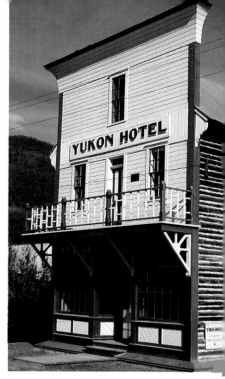

avec ses différents commerces (planches, épicerie, bazar) et la revente de son terrain par lots. Mais avec la venue des premiers froids et l'embâcle du Yukon, la famine s'abat sur la ville.

La température atteint cette année-là −67°C. Au cœur de ce terrible hiver 96/97, un Russe affamé troque son « claim » contre un sac de farine avec le Canadien Alec Mac Donald. Il allait se révéler le plus riche de tout le Klondike et rapporter à « Big Mac » plus de vingt millions de dollars.

Au printemps 98 avec les premiers bateaux qui arrivent pour ravitailler Dawson les hommes qui sont restés coupés du monde pendant plus de sept mois se jettent sur les journaux.

En première page s'étale la nouvelle la plus importante : des dizaines de milliers de « Cheechakos » (nouveaux venus) sont en ce moment même sur le Yukon en route pour le Klondike. Les anciens Yukoners s'appelaient entre eux les « Sourdoughs ». Ils méprisaient les nouveaux arrivants, ces Cheechakos qui utilisaient de la levure et non pas comme eux de la pâte aigre pour faire monter leur pain. Dans les rues l'excitation est à son comble car cette marée humaine qui approche est pour eux symbole d'argent facilement gagné. A partir du 8 juin 1898 des milliers de bateaux arrivent à Dawson jour et nuit, sans interruption pendant plus d'un mois. Rapidement la population dépassera 60.000 personnes.

Jack London lui, quitte déjà Dawson City. Arrivé parmi les premiers, après quatorze mois passés dans la région, à observer les personnages, les animaux et les décors de ses futures nouvelles, il regagne le monde civilisé riche d'une inspiration qui fera de lui le « Kipling du froid ».

Les commerçants font fortune car tout se vend et à n'importe quel prix.

Chaque année, lors des « Discovery Days », les Yukoners aiment à recréer l'atmosphère de la ruée vers l'or.

Klondike Kate, dont le nom orne encore beaucoup de pancartes publicitaire fut l'une des plus célèbres danseuses du « Gold rush ».

L'hôtel Yukon, bien que ne connaissant plus l'animation d'antan, reste néanmoins un pôle d'attraction pour les touristes.

La voie ferrée qui reliait Dawson aux mines d'or fut construite en 1906 afin d'éviter un pénible acheminement du matériel. Elle fut mise hors service en 1914.

La plus petite boîte de lait concentré, la plus éculée des paires de bottes ou la moindre poignée de clous peuvent atteindre des sommes défiant tout entendement. Les Cheechakos qui débarquent ne se ruent pas, comme nous pourrions l'imaginer, à la recherche d'un « claim ». Atteint d'une immense lassitude, ils contemplent muets le spectacle de la rue, assis sur une caisse ou adossés à un pilier de bar. Ils ont déjà compris au fond de leur cœur que pour eux, la ruée vers l'or est terminée. Ce sont des hommes anéantis qui constatent que malgré tous leurs efforts pour être les premiers, des milliers d'autres sont arrivés avant eux. Fin juin, une vague de découragés quittent Dawson alors que de nouveaux arrivants continuent d'affluer. Pendant un an la capitale de l'or vivra dans un rêve. Des fortunes se font et se défont sur des paris d'ivrognes. Les rois du Klondike se baignent au champagne dans les grands hôtels.

Mais dans les creeks la plupart des mineurs suent sang et eau pour arracher du sol quelques pépites d'or; et finalement peu feront fortune. Mais pour les nouveaux riches rien n'est trop beau. Les propriétaires de saloons luxueux ou de maisons de « charme » font venir à prix d'or des glaces biseautées, des lustres en

cristal finement travaillés et de lourdes tentures en velours. Mais l'envers du décor est moins rutilant. Les rues sont fangeuses et la moindre pluie les transforme en cloaque dans lequel les chariots s'enlisent jusqu'aux essieux. Dans cette ville insalubre les épidémies de typhoïde sont choses courantes. Dans l'été 1899 la ruée est terminée. De l'or est découvert à Nome, en Alaska. Des milliers d'hommes quittent le Yukon pour le sable des plages de la mer de Béring.

Dawson City demeura prospère jusqu'à la veille de la guerre. A partir de 1925 elle entama une longue agonie qui s'acheva lorsqu'elle perdit le titre de capitale du Yukon au profit de White Horse.

Véritable ville far-west du début du siècle, l'ancienne « capitale de l'or » n'est plus qu'une cité morte où aucun bateau à roue n'accoste plus depuis longtemps et où les dragues ont cessé toute activité.

LES CHIENS DU GRAND NORD

Utilisés à l'origine par les Esquimaux comme animaux de bât, ils furent ensuite, après l'invention du traîneau, attelés à ces derniers. Les nomades de l'Arctique purent ainsi se lancer plus facilement dans de longues randonnées de chasse. Ils jouèrent aussi un rôle essentiel lors du rush de 1898. La demande en chiens était d'ailleurs si importante que nombre d'entre eux disparaissaient quotidiennement dans les villes de la côte Pacifique. Les trafiquants les revendaient au Klondike à prix d'or. Les chercheurs d'or étaient si fiers de leurs chiens qu'il n'était pas rare de voir dans un bar l'un d'entre eux, bondir sur une table, un sac d'or à la main, pour lancer à l'assemblée que personne ici ne possédait un chien aussi fort que le sien. A tout coup, bien sûr, d'autres relevaient le défi. Les paris pris, la foule se retrouvait dehors et commençait alors un étrange spectacle où un chien se devait de traîner sur une dizaine de mètres un traîneau lourdement chargé, afin de ne pas entacher l'honneur de son maître. A White Horse et à Anchorage de grands concours opposent toujours ces molosses qui arrivent à déplacer des traîneaux dont le poids peut dépasser 2.000 kg. En général, une dizaine d'hommes sont nécessaires pour le ramener à leur point de départ.

Huskies de Sibérie, groënlandais ou malanutes, ils ont tous une épaisse fourrure, un large poitrail, une puissante musculature et de solides pelotes digitales pour résister aux aspéri-

tês du terrain arctique. Leur résistance est légendaire. Ces chiens rustiques, pouvant affronter des températures polaires, ont un sens inné du terrain. Les chiens de tête détectent à l'avance une glace qui ne supportera pas le poids du traîneau et bien des « mushers » (conducteurs de traîneaux) doivent à leur « leader » (chien de tête) d'être toujours en vie. Dociles avec l'homme, ils sont en revanche, très féroces entre eux pour faire reconnaître leur autorité ou pour la défendre.

Les skidoos ayant pratiquement partout remplacé les chiens, seuls les spécialistes, les fanatiques ou les nostalgiques des grands raids élèvent encore des meutes importantes. Pour mieux mesurer leur force et la qualité de leurs attelages, hommes et femmes du Grand Nord n'hésitent pas à se lancer dans des courses folles comme la Yukon Quest, entre White Horse et Fairbanks, ou la célèbre Iditarod entre Anchorage et Nome. Ces randonnées de 1.600 km ont été créées pour remettre à l'honneur cet ancien mode de voyage et ces chiens merveilleux sans lesquels l'homme n'aurait jamais pu survivre dans l'Arctique.

Deux concurrents traversent le lac Laberge pendant la course de la Yukon Quest.

Le départ a lieu à White Horse. Très populaire, elle attire des milliers de passionnés.

Les raquettes serviront au « musher » pour ouvrir une piste pour ses chiens en cas de chutes de neige importantes.

Pages précédentes: Au cœur de l'hiver, deux aspects du fleuve Yukon pris par les glaces. Une cabane de trappeur et la route menant à Dawson City.

GUIDE ALASKA/YUKON

COMMENT SE RENDRE EN ALASKA

Toutes les grandes compagnies vont à Anchorage. Mais, si vous êtes pressés, évitez les vols interminables avec plusieurs escales aux États-Unis. Les billets sont en général un peu moins chers, mais les correspondances sont parfois excessivement longues, surtout lorsque l'avion est... déjà parti! Oui, cela arrive. Lors de ma dernière tentative, il m'a fallu 40 h pour atteindre Anchorage avec cinq avions différents, une nuit passée sur le sol de l'aéroport de Minneapolis et tous mes bagages... perdus à l'arrivée. Vous débarquez donc, épuisé, de mauvaise humeur et avec, en plus, 10 h de décalage horaire: pour vous remettre comptez... une semaine.

Heureusement, il existe des vols polaires directs qui durent 10 h avec:
- AIR FRANCE: PARIS-ANCHORAGE
  environ 6.500 FF A/R, pour un séjour n'excédant pas 2 mois.
  tarif jeune (−24 ans): environ 5.000 FF A/R
  Renseignements à Paris, tél. 45.35.61.61.
- SWISSAIR: GENEVE-ANCHORAGE
  environ 2.000 FS A/R, séjour maxi de 3 mois.
  tarif jeune (−25 ans): 1.250 FS A/R.
  Renseignements à Genève, tél. (19 41 22) 798 21 21.

FORMALITÉS

Les citoyens français, qui partent avec une compagnie aérienne agréée, entrant aux États-Unis pour un séjour touristique n'excédant pas trois mois et qui sont en possession d'un billet de retour avec une date fixe, n'ont **plus besoin de visa.** (un simple passeport suffit).

L'introduction de viande, sous quelque forme que ce soit même déshydratée, est strictement interdite. L'alcool est soumis à une taxe.

A SAVOIR

- Si vous n'avez pas acheté un voyage « clés en main » vous pouvez absolument tout organiser vous-même, sur place, en fonction de vos préférences.

- La plupart des cartes de crédit sont acceptées, même dans les endroits les plus reculés (attention quand même aux petits villages indiens ou esquimaux).

- Ne pas oublier de prendre une assurance personnelle couvrant d'éventuels frais d'hospitalisation. Sinon vous risquez un refus d'admission et dans le cas contraire, cela vous coûtera une fortune.

- L'été pour remonter « l'Inside Passage », il est fortement conseillé de faire ses réservations à l'avance pour éviter toute perte de temps. Vous pouvez les effectuer à partir de fin janvier. Pour tous renseignements sur les ferries qui desservent les ports de la côte sud-est de l'Alaska (Ketchikan, Wrangell, Petersburg, Sitka, Juneau, Haines, Skaway), contacter:

THE ALASKA MARINE HIGHWAY SYSTEM
Administration Officer
P.o. Box R
JUNEAU, ALASKA, 99811

L'été, il est fortement conseillé de faire ses réservations à l'avance pour éviter toute perte de temps. Vous pouvez les effectuer à partir de fin janvier.

A QUELLE SAISON PARTIR?

Le plus tôt possible...! car cette région est fascinante en toute saison. **L'été** est évidemment l'époque la plus courue (début juin à la mi-août), avec ses longues journées. Tous les campings sont ouverts (vastes et remarquablement organisés), les parcs nationaux facilement accessibles (pour les plus touristiques) et les routes sans neige. Mais au soleil et aux températures agréables (attention quand même aux brutales variations), succèdent souvent orages et pluies qui font malheureusement partie de tout voyage en Alaska et au Yukon.

L'automne, avec ses arbres flamboyants et les mousses de la toundra qui virent au rouge, est peut-être la plus belle saison (fin août-troisième semaine de septembre). La descente d'une rivière en canoë est un enchantement lorsque la nature mordorée apparaît au milieu des brumes du matin qui se lèvent. Dans la journée, les températures sont agréables, mais **attention** les nuits sont déjà fraîches. Un seul inconvénient: c'est très bref et au-delà du cercle polaire, l'automne arrive brutalement et ne dure souvent qu'une semaine. Un coup de froid brutal efface rapidement toutes les couleurs. Octobre et novembre sont les deux mois les plus tristes car le paysage, avec ses arbres dépouillés, est morne. Mais rapidement les premières neiges et l'embâcle des rivières redonnent au pays tout son charme.

Mais pour tous ceux qui sont à la recherche d'un véritable dépaysement, **l'hiver** est LA saison de toutes les « folies » : randonnées avec les chiens de traîneaux, en skidoo ou en raquettes, skis, patins à glace, pêche aux trous à travers la glace des lacs. Parcourir 50 ou 100 km en skidoo, dans le froid et l'obscurité de la nuit « polaire », engoncé dans des fourrures, le visage protégé par un masque en amiante, pour aller passer quelques jours dans une petite cabane en rondins, isolée au fond des bois, est une expérience inoubliable.

PRÉCAUTIONS INDISPENSABLES POUR CIRCULER EN VOITURE

- **EN ÉTÉ:**

Si vous planifiez seul votre itinéraire, regardez bien les « miles » et n'oubliez surtout pas que:
- L'Alaska est le plus grand des états américains: (1.507.215 km² et 523.000 hab).
- Le Yukon a presque la surface de la France; (482.570 km² mais pour seulement 25.000 hab., dont 17.000 vivent à White Horse).
- Les conditions climatiques changent TRES vite. De violentes pluies peuvent brusquement interrompre la circulation ou du moins la rendre difficile.

A quelques exceptions près, en Alaska, les routes sont asphaltées, et en bon état. Au Canada, elles sont plus cailouteuses. En été, les phares et les pare-brise cassés ne se comptent plus au Yukon. L'hiver, aucun problème, les cailloux sont pris dans la glace. D'importants travaux routiers peuvent vous immobiliser plusieurs heures. La stabilisation des terrains est si difficile que parfois certaines routes en s'effondrant, obligent à retracer de nouvelles pistes à travers les forêts. Pour votre sécurité et pour un séjour plus relaxe, prévoyez toujours quelques jours supplémentaires pour vos trajets.

Sur les routes, il est conseillé et parfois même obligatoire de rouler en code pendant la journée. Par expérience, je sais qu'aux arrêts nous oublions souvent de les éteindre. Des câbles électriques pour se connecter sur la batterie d'un autre véhicule seront souvent les « bienvenus ».

- **EN HIVER:**

Les déplacements sont difficiles. Certaines routes sont fermées et la durée des trajets, considérablement augmentée. Il m'est arrivé de mettre 4 jours pour effectuer ANCHORAGE-DAWSON CITY, alors qu'en été, 12 h suffisent! D'importantes

chutes de neige et un vent violent peuvent provoquer le « white out » (impossible de discerner la route), des congères ou une glissade dans un fossé. Alors si vous circulez l'hiver, ayez toujours dans la voiture:
– des vêtements **très chauds,**
– un excellent sac de couchage,
– de la nourriture et un réchaud pour vous faire un thé ou un café bouillant si votre thermos est vide.

Sachez qu'être bloqué toute une nuit par −40°C, n'arrive pas qu'aux autres. Sans l'équipement adéquat, ce genre d'expérience peut très mal finir, surtout si votre arrêt est provoqué par une panne mécanique, car dans ce cas là vous vous retrouverez... sans chauffage.

VÊTEMENTS

Il est évident que l'équipement varie considérablement en fonction de la saison choisie pour visiter ces régions et du type de voyage (hôtel ou camping). En été le temps est imprévisible. Soyez prêts à affronter de chaudes journées ensoleillées et d'autres froides et pluvieuses.

• EN ÉTÉ:

Tenue de base: Un pantalon sport confortable ou un jean - Fourrures polaires (haut et bas). Anoralp en fabrique d'excellentes, toujours agréables le soir au campement - Coupe-vent ou parka de bonne qualité - Tenue contre la pluie, style ciré (haut et bas) - Bonnet de laine - Bottes hautes en caoutchouc - Tennis ou chaussures de bateau - Chaussures de marche imperméables, car le terrain est souvent détrempé - Short et tee-shirt (à Fairbanks notamment il fait parfois très chaud: 30°C) - Gants - Lunettes de soleil - Crème solaire...! et oui quand il fait beau, ça chauffe très fort - Produit anti-moustiques (les acheter sur place) et une moustiquaire pour le visage.

• EN HIVER:

Je vous conseille de tout acheter à Anchorage. Les prix sont élevés, mais un tel choix et une telle qualité sont introuvables chez nous.

Les chaussures « Sorrels » se trouvent partout, chaudes et imperméables, elles sont très pratiques. Pour les grands froids, j'ai personnellement beaucoup apprécié les bottes de toile blanche de l'armée canadienne (introuvables aux USA, les acheter à White Horse). Très légères, dotées d'une épaisse semelle en feutre amovible et d'un système de « double chaussettes », elles sont **indispensables.** Prix: environ 250 $ canadiens. Attention aux imitations à 70 $, ça n'a rien à voir.

Les Bunny Boots (200 $ US), utilisés par l'Air Force, sont excellentes mais beaucoup plus lourdes.

IMPORTANT: si vous campez l'hiver, des broches à glace sont indispensables pour fixer votre tente.

ANCHORAGE

• ÉQUIPEMENT
– R.E.I.: à l'intersection de Spenard Road et de Northern Light Blvd
– BIG RAY'S: 530 E. BENSON blvd =10
– GARRY KING'S : BENSON Blvd

Ces trois magasins sont remarquablement achalandés, vous y trouverez **TOUT** (camping, vêtements, cartes, matériel de pêche et de chasse, canoës, etc...).

N'oubliez pas les Stocks Américains. On y découvre beaucoup de choses et à des prix intéressants.

Pour louer du matériel de camping, pêche ou canoës:
– ALASKA TRAVEL RENTAL: 300 W. 36 th (Plaza Hall).
tél. 907 561 2200

• LOCATION DE VOITURE:
Vous trouverez toutes les grandes compagnies à l'aéroport. Il existe cinq catégories de véhicules (A,B,C,D,F). Pour toute location, une carte de crédit est indispensable.

A titre indicatif, prix chez AVIS, cat. B (Chevrolet Neuva, Dodge Shadow):
– par jour: 67 $ (100 miles gratuits et assurance tous risques comprise. Le mile supplémentaire: 30 cents);
– forfait 7 jours: 280 $, kilométrage illimité.

En haute saison (juillet-août), il est recommandé de réserver à l'avance. Vous pouvez le faire, en France, en téléphonant à:
– AVIS au 05.05.22.11
– HERTZ au 05.204.204
Pour de prix plus intéressants (−50%), je vous conseille:
– RENT à WRECK sur International Airport Road (en venant de l'aéroport cette agence se trouve sur votre droite, en contrebas, 200 m après avoir croisé MINNESOTA DRIVE). C'est la moins chère d'Alaska, mais les véhicules sont usagés.
– THRIFTY RENT A CAR: 3730 Spenard Road
tél. (907) 276.28.55

• LOCATION DE MOTORHOMES
Toutes les agences de voyages peuvent vous aider. Les tarifs varient en fonction de la taille du véhicule. Pour un motorhome 4/5 places, comptez en moyenne 1.000 $ par semaine pour un kilométrage illimité. L'Alaska étant un des pays les plus chers du monde, ce mode de transport est « le plus économique » et le plus agréable qui soit.
– CLIPPERSHIP MOTORHOME RENTALS
3200 Mountain View Drive, Suite B
Anchorage, Alaska 99501
él. (907) 276-6491
– MOTORHOME RENTAL OF ALASKA
322 Concrete Street
Anchorage, Alaska 99501
tél. (907) 277-75-75

Avant de prendre la route, achetez le MILEPOST. C'est un gros guide de 500 pages (13 $) **INDISPENSABLE.** Vous y trouverez abolument **TOUT**: les routes, campings, lieux de pêche, stations d'essence, motels, parcs nationaux... etc. Détail intéressant: l'essence est quatre fois moins chère qu'en France.

• LOGEMENT
Les « bed and breakfast » sont parfaits et vous font découvrir un intérieur alaskan.
– THE RAINBOW'S END
4020 Mc Phee Street - AK
adresse postale: P.O. BOX 110706
Anchorage, Alaska 99511
tél. (907) 345-0923
– THE THREE BEARS (40 à 60 $)
Nate & Stéphanie COHEN
P.O. BOX 4-2714
Anchorage, Alaska 99509

Pour les fanatiques des grands hôtels, la chaîne des Sheffield présente dans la plupart des villes d'Alaska et du Yukon (Sitka, Juneau, Kenaï, Kodiak, Valdez,. Skagway, Anchorage, Fairbanks et Dawson City) simplifie grandement les réservations.
Tél. (907) 274-6631 et (800) 544-0970

• CAMPING (ouvert de mai à octobre)
– Centenial Park: Glenn Highway & Muldoon Road (10 $ la nuit avec douche)
– Lions'camper Park: Boniface Parkway & Debarr Road.

• RESTAURANTS
Il y en a 330, allant des fast-food aux cuisines, mexicaine, grecque, polynésienne, allemande... etc, et sans oublier les traditionnels « seafood » d'Alaska.

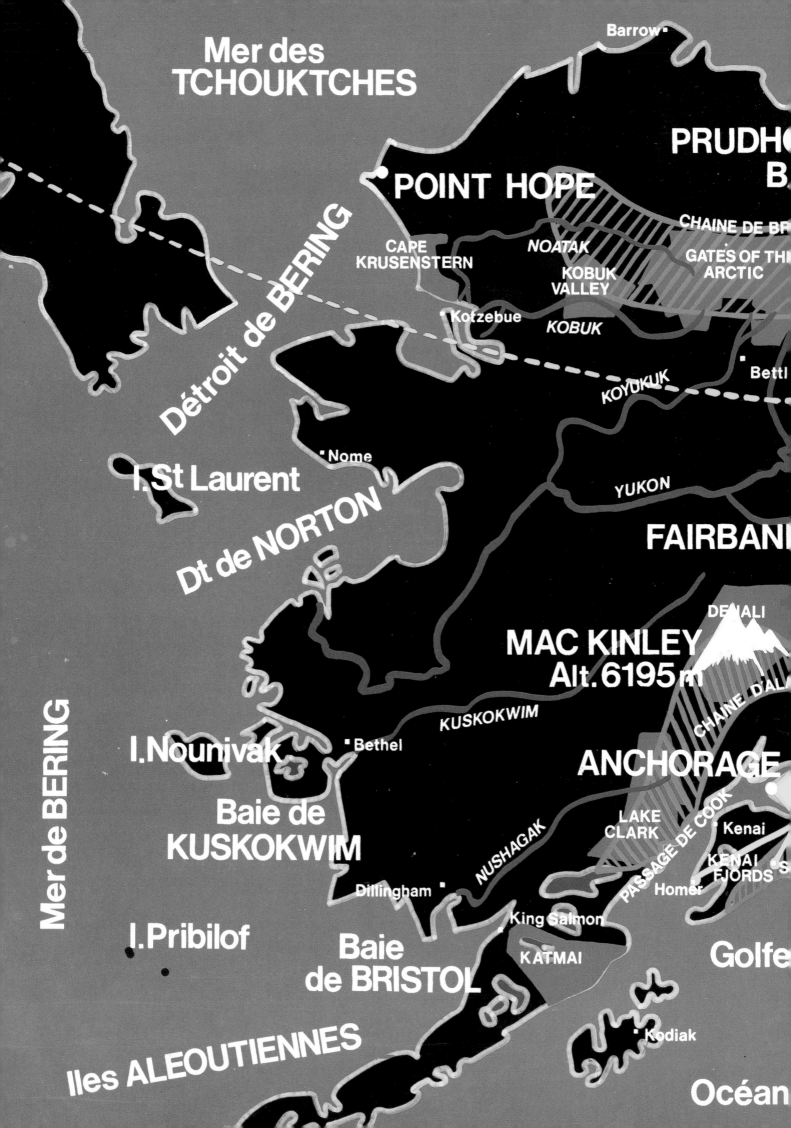

Pour les amateurs de « shushi » (cuisine japonaise) super et pas cher, une adresse:
– TEMPURA KITCHEN
  3826 Spenard Road
  tél. 277-2741

Pour une excellente cuisine américano-française:
– C'EST LA VIE
  4300 Old Seward Highway
  tél. 563-2528
  Tenu par des Français. Catherine et Lionel MAYE et Monique SONNET. Allez leur rendre visite, ils sont adorables.

LES PARCS NATIONAUX

• LE PARC DE DENALI:

Son entrée, à 380 km au nord d'Anchorage est accessible:
– par la route Anchorage-Fairbanks,
– par le train (départ quotidien en été).
Les 146 km de la route qui pénètrent dans ce parc sont interdites aux véhicules privés. Des permissions sont données pour accéder aux trois premiers campings. Les deux derniers (Igloo Creek et Wonder Lake) ne sont accessibles que par les bus-navettes gratuits qui font visiter le parc. Les réservations se font uniquement sur place au Riley Creek Information Center, situé à l'entrée (1 à 2 jours d'attente pour obtenir une place, dans le pire des cas).

Inconvénient de taille: le Mac Kinley n'est visible en moyenne que 3 jours par mois, en été, car il pleut beaucoup. Par mauvais temps ce parc perd pratiquement tout intérêt. Armez-vous de patience et vous ne le regretterez jamais.

L'hiver la route est fermée et son accès n'est possible qu'avec des chiens de traîneau. Nombreuses possibilités d'hôtels et de campings à l'entrée.

Pour tous renseignements, écrire à:
– Superintendent
  Denali National Park and Preserve
  P.O. BOX 9
  Denali Park, AK, 99755
  tél. (907) 683-22-94

• LES FJORDS DU PARC DE KENAI

De SEWARD, port situé à 200 km au sud d'Anchorage et facilement accessible par la route. Pour 70 $, vous passerez une merveilleuse journée au milieu des glaciers, des loutres de mer, des lions de mer, des milliers d'oiseaux, des orques et peut-être des... baleines. Pas de problèmes de réservation pour le bateau, si vous êtes tôt (7 h) à l'ouverture du guichet.

• LE PARC DE KATMAI:

Accessible uniquement par avion. Vol quotidien entre Anchorage et King Salmon, puis hydravion pour accéder au camp de Brooks, où les Rangers vous donneront toutes les informations pour éviter les problèmes avec... les grizzlys qui sont nombreux autour du camping, l'été, lorsqu'ils se rassemblent dans la rivière pour pêcher les saumons.

Etre parfaitement équipé pour le mauvais temps qui est très fréquent. Tente solide pour résister au vent. Lorsque la pluie s'installe, bon courage...! L'été, il paraît que le ciel se dégage parfois. Personnellement je n'ai jamais vu le soleil en un mois....!

Parc passionnant pour la vallée « des dix mille fumées » où eut lieu en 1912 la plus grande éruption volcanique du XXe siècle. Les paysages sont extraordinaires.

Bonnes possibilités pour canoë, randonnée et pêche.

Pour tous renseignements:
– Superintendent
  Katmaï National Park and Preserve
  P.O. BOX 7, King Salmon, AK 99613
  tél. (907) 246-33-05

• LE PARC DE LA BAIE DES GLACIERS:

Une des merveilles de l'Alaska lorsqu'il fait beau. Car là encore, il pleut en moyenne 240 jours par an! Glaciers s'effondrant dans la mer, baleines, lions de mer, phoques, chèvres et ours sont au « menu » de l'excursion.

Accès uniquement par air charter ou par bateaux de Juneau à Gustavus (120 $ A/R), puis route (15 km) jusqu'à Bartlett Cove où se trouve la lodge de Glacier Bay et un camping dans la « forêt des pluies ».

L'été, vol quotidien Anchorage-Gustavus (Alaska Airlines). Pour visiter ce fjord, départ quotidien de bateaux depuis B. Cove (durée 9 h coût 130 $). Vous pouvez aussi vous faire déposer sur le trajet pour partir randonner. Pour les plus courageux, possibilité de louer des kayaks sur place. Mais attention, c'est un rude périple et surtout n'oubliez pas la table des marées: indispensable pour éviter une évacuation en catastrophe en pleine nuit!

Cette visite coûte très cher. Pour bien l'organiser et pour connaître toutes les possibilités de visite et d'hébergement:
– GUSTAVUS VISITORS ASSOCIATION
  P.O. BOX 167
  Gustavus, Alaska, 99826
  (renseignements sur logements à Gustavus et B. Cove)
– PUFFIN TRAVEL
  P.O. BOX 3
  Gustavus, Alaska, 99826
  (renseignements sur les différentes possibilités d'excursions guidées et leurs tarifs)
– Superindent
  GLACIER BAY NATIONAL PARK & PRESERVE
  Gustavus, AK, 9982
  (renseignements pour visiter le parc sans guide: solution la plus économique surtout avec votre propre kayak)

• KOBUK VALLEY et GATES OF THE ARCTIC:

Pour visiter ces deux parcs reculés, deux solutions:

– Si vous avez une grande habitude de la vie sur le terrain, vous pouvez organiser votre propre expédition et vous lancer **(surtout jamais seul)** dans une merveilleuse aventure.

ATTENTION, ces parcs sont rudes et loin de tout. Excellentes possibilités de randonnées et de descentes de rivières en canoë. Accès par hydravion au départ de Bettles, Ambler ou Kotzebue selon le parc choisi.

Pour tous renseignements (cartes, climat, accès):
– Superintendent
  NATIONAL PARK SERVICE
  Northwest Alaska Areas
  P.O. BOX 287 (Kobuk Valley)
  Kotzebue, Alaska, 99752
  tél. (907) 442-3890
– Superintendent
  GATES OF THE ARCTIC, NATIONAL PARK & PRESERVE
  P.O. BOX 74680
  Fairbanks, AK, 99707
  tél. (907) 456-0281

– Si vous n'avez aucune expérience mais une bonne condition physique, des expéditions guidées pourront vous faire découvrir, été comme hiver, ces régions qui sont certainement parmi les plus belles d'Alaska. Les prix sont malheureusement très élevés mais si vous le pouvez ne vous en privez pas.

Pour tous renseignements:
- BROOKS RANGE WILDERNESS TRIPS
  Dave SCHMITZ
  Bettles, AK, 99726
  tél. (907) 692-5312
- BROOKS RANGE EXPEDITION
  Bettles Fields, AK, 99726
  tél. (907) 692-5333
- ALASKA FISH & TRAIL UNLIMITED
  c/o Jerald D. STANSEL
  11077 Shypoke Drive
  Fairbanks, AK, 99709
  tél. (907) 479-7630

Ils vous proposeront chacun de nombreuses expéditions, toutes différentes en fonction des saisons. Pêche, randonnées, descentes de rivières, migration des caribous, chiens de traîneau: TOUT est fabuleux.

• PARC DU KLUANE (YUKON):
Splendide parc dominé par les 5.950 m du Mont Logan (chaîne Wrangell-Saint-Elias). Possibilité de se faire déposer à l'intérieur en hélicoptère. Entrées situées au niveau du lac Kluane (beau camping) à 230 km de Tok, en direction de White Horse.

Pour tous renseignements:
- Superintendent
  KLUANE NATIONAL PARK
  Haines Junction
  YT, Canada

• LES ILES PRIBILOF:
A visiter en juillet lorsque la concentration en otaries est à son maxi. Faune variée: renards bleus, rennes, des millions d'oiseaux et beaucoup de brouillard sur les deux îles principales, St Paul et St George. Liaisons aériennes avec Anchorage trois fois par semaine (environ 600 $ A/R) par Reeve Aleutian Airways. Si vous n'êtes pas en voyage organisé, St Paul est la plus facile à visiter. Vous pouvez accéder seul aux sites d'observation après avoir demandé l'autorisation sur place (impossible sur St George). Un seul hôtel, King Eider, très très cher (90 $ la nuit) pour les prestations offertes. Impérativement réserver votre chambre à l'avance en écrivant à:
- TANADGUSIX CORPORATION
  P.O. BOX 88
  Saint Paul Island, AK, 99660
  tél. (907) 546-2312

Sur l'île, camping interdit, mais les plus débrouillards pourront se faire héberger par des locaux (allez voir la femme du pasteur). Pour vous déplacer, louer une petite moto ou emporter un vélo depuis Anchorage (ce sera, et de loin, la façon la plus économique d'accéder aux « rookeries » *). Le climat de la mer de Béring est rigoureux. Équipez-vous chaudement.
* Rookeries: nursery des otaries.

DEMPSTER HIGHWAY
Reliant Dawson City à Inuvik, ville des territoires canadiens du nord-ouest, cette route est exceptionnelle par la dimension des panoramas et la variété des paysages (tous les types y sont représentés). Prenez plusieurs jours pour la découvrir tranquillement.

ATTENTION, le premier poste d'essence d'Eagle Plain est à... 380 km, juste avant de traverser le cercle polaire. Route très très éprouvante pour les pneus; toujours avoir deux roues de secours. Très peu de trafic et pratiquement aucun village sur 750 km. Soyez donc excessivement prévoyant pour votre équipement.

A l'automne, avec ses coloris multiples et ses milliers de caribous qui la traversent généralement au niveau des Monts Ogilvie, cette route est certainement l'une des plus belles du monde. La parcourir en hiver est une véritable expédition qu'il ne faut entreprendre qu'avec un véhicule 4WD en parfait état.

Toutes les routes d'Alaska et du Yukon sont passionnantes. Nombreuses aires de repos en bordure de rivières et de lacs. Campings géants remarquablement organisés. Lodges très fréquentes pour dormir, prendre un repas ou faire un plein d'essence.

La Dalton Highway, qui longe le pipe-line entre Fairbanks et les gisements pétroliers de Prudhoe Bay, est le seule route à ne pas être ouverte dans sa totalité aux véhicules privés. Au kilomètre 340, au niveau de la chaîne des Brooks, il vous faudra faire demi-tour. Mêmes conseils que pour la Dempster Highway et faites très attention aux énormes camions qui sillonnent cette route.

POUR DESCENDRE LE YUKON
Louez un canoë à White Horse et achetez dans une librairie le guide YUKON RIVER de Mike ROURKE et... en route! La plus belle section est entre la sortie du lac Laberge et Dawson City. Comptez 10 à 15 jours pour ce périple de 600 km. Si le cœur vous en dit la mer de Béring est... à 3.000 km. Bon équipement contre la pluie indispensable.

LA CHILKOOT PASS
Son point de départ se trouve sur l'ancien emplacement de Dyea. Comptez 5 jours pour parcourir les 50 km de cette ancienne piste de la ruée vers l'or. Réservée aux bons marcheurs. Tous les renseignements vous seront donnés sur place à l'office du tourisme de Skagway. Avant votre départ, vérifiez que la piste soit praticable, car les conditions d'enneigement varient considérablement d'une année sur l'autre.

Pour plus d'informations:
- KLONDIKE GOLD RUSH NATIONAL HISTORICAL PARK
  P.O. BOX 517
  Skagway 99840

Une autre merveilleuse façon d'entrer au Canada est de franchir la White Pass avec le pittoresque train des chercheurs d'or.

PÊCHE ET CHASSE
L'Alaska est un véritable paradis pour les pêcheurs et les chasseurs de gros gibiers (ours, orignal, caribou). La saison de pêche aux saumons dure trois mois: juin (king salmon), juillet (sockeye, pink et chum), août (silver, pink et chum). On accède généralement aux lacs et aux rivières, en hydravion. Cependant certains sites du Kenaï sont accessibles en voiture, mais les pêcheurs y sont au coude à coude. La baie de Bristol est fort réputée, mais son éloignement rend les parties de pêche très onéreuses. Pour y aller:
- Ted SOLOMON
  P.O. BOX 1567
  Havre, Montana, 59501 Canada
  tél. (406) 395-4404
  Ted a son camp de pêche installé en Alaska, au village esquimau de Goodnews Bay, à l'ouest de Dillingham. Ses tarifs: 7 jours: 2.600 $ - 4 jours: 1.700 $
- Greg et Mark BELL
  P.O. BOX 486
  Soldotna, Alaska 99669
  tél. (907) 262-5237

Ce sont deux excellents guides de pêche et de chasse, basés près de Homer. Avec leur hydravion, ils peuvent vous déposer dans la région de votre choix et venir vous rechercher quand vous le souhaitez. Compter 1.000 $ pour une semaine dans la région de Kenaï.

La meilleure adresse:
- Bernard SONNET
  P.O. BOX 2326
  Anchorage, AK, 99510, USA
  tél. (907) 345-6511

Ce Français, installé en Alaska depuis dix ans, est un amoureux de la nature et de l'aventure. Que vous soyez pêcheur ou chasseur, il peut absolument tout organiser pour vous aux conditions les plus avantageuses. C'est un ami personnel que je vous recommande vivement.

Je tiens à remercier tout particulièrement:
Christian BLANCHET
Alfred FAVRE
Cédric PIRALLA
Laurent SCHNEITTER
pour leur efficace participation à la réussite de l'expédition.

Gérard CRUCHON
Lionel et Catherine MAYE
Bernard et Monique SONNET
François VARIGAS
Rex et Pikok TUZROYLUK et tous les habitants de Point-Hope
pour la gentillesse de leur accueil et les nombreux services rendus sur place.

Un autre grand merci à:
MV2-ANORALP (vêtements de l'expédition)
CENTRE NATIONAL D'ÉTUDES SPATIALES pour sa balise de détresse SARSAT
VOLVO PENTA FRANCE pour ses moteurs SUZUKI
ZODIAC
SWISSAIR

CRÉDITS PHOTOGRAPHIQUES

Les photos sont de Patrick MATHÉ et de Cédric PIRALLA, à l'exception de:

p.22 (h.g.)	JACANA/François GOHIER
p.23 (b.d.)	JACANA/François GOHIER
p.30/31	JACANA/François GOHIER
p.58/59	MAGNUM/Bryn CAMPBELL
p.60 (h.)	P. ARNOLD/COSMOS/Fred BRUEMMER
p.60 (b.)	JACANA/GURAVICH
p.61 (b.)	LEN SIRMAN PRESS/ALEXANDER
p.61 (h.)	JACANA/Joe RYCHETNIK

photos noir et blanc:

p.70/71 h.g)	E.A. HEGG COLLECTION/YUKON ARCHIVES
p.76 (h.)	UNIVERSITY OF WASHINGTON/YUKON ARCHIVES
p.76 (g.)	WINTER & POND COLLECTION/YUKON ARCHIVES
p.76/77	Mc BRIDE MUSEUM COLLECTION/YUKON ARCHIVES
p.78	VOGEE COLLECTION/YUKON ARCHIVES
p.78/79	VANCOUVER PUBLIC LIBRARY/YUKON ARCHIVES
p.82	NATIONAL MUSEUM OF CANADA/YUKON ARCHIVES
P.83	VANCOUVER PUBLIC LIBRARY/YUKON ARCHIVES
p.84	PUBLIC ARCHIVES OF CANADA/YUKON ARCHIVES
p.85	CHISHOLM COLLECTION/YUKON ARCHIVES

4e de couverture: - en haut à gauche: E.A. HEGG COLLECTION/YUKON ARCHIVES
- en haut à droite: VANCOUVER PUBLIC LIBRARY/ YUKON ARCHIVES
- en bas à gauche: H.C. BARLEY COLLECTION/YUKON ARCHIVES

Page de garde: Camping au pied du glacier Reid dans le parc national de la baie des glaciers.

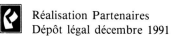

Réalisation Partenaires
Dépôt légal décembre 1991